教會事工系列
兒童事工

陳芝瑛 編著

聖經人物嘉年華！

幼兒導師手記

基道出版社

▼
教會事工系列 · 兒童事工

聖經人物嘉年華！

幼兒導師手記

Carnival of the Biblical Figures!

編著
陳芝瑛 Chan, Chi-ying

責任編輯
羅慧琪

裝幀設計
奇文雲海 · 設計顧問

■

出版／發行
基道出版社
香港沙田火炭坳背灣街26號富騰工業中心1011室
LOGOS PUBLISHERS
Unit 1011, Fo Tan Ind. Centre, 26 Au Pui Wan St., Shatin, Hong Kong
電話：(852) 2687-0331 傳真：(852) 2687-0281
網址：http://www.logos.com.hk

承印
海洋印務有限公司

●

9/2008 初版
Cat. No. LP366
ISBN 978-962-457-364-0

刷次	10	9	8	7	6	5	4	3	2	1
年份	2017	2016	2015	2014	2013	2012	2011	2010	2009	2008

袁序

小朋友參加主日學的回應——一個「悶」字，又是講挪亞方舟的故事！這個聖經故事，父母在家中講了，老師在學校中講了，牧師在崇拜中講了，主日學老師現在講了……講得了無新意，難怪小朋友不想返主日學了！

陳芝瑛姊妹是我所牧養的教會——金巴崙長老會道顯堂——幼稚園級主日學的負責人，多年熱心兒童工作，現在把所學（幼兒教育學）、所作（主日學經驗）、所思（實踐後反思）等心得集結成書。本書不單是芝瑛的心血結晶，更是九位弟兄姊妹教學經驗的示範，展示九個不同風格與手法的教學內容，以供有心人（投身兒童工作的信徒）用心效法、精益求精，提升教會兒童主日學的果效。

每課均有清楚的教學大綱、詳細的教學內容、具體教學法的建議，並教學後的心靈分享等。嘗試從小朋友的角度，以他們感興趣的方式入手，深入淺出、講與玩並重的施教。這是一本實用、實效、有實際建議的兒童主日學事工書籍。我看到、感受到一羣愛兒童、用心栽培兒童在真理上成長的弟兄姊妹，他們的用心事奉、有心之作。我祈求天父使用他們的努力、他們的作品，造福眾教會！

小朋友參加主日學的回應——一個「醒」字，又是講耶穌誕生的故事！這個聖經故事，雖然父母講了，老師講了，牧師講了，主日學老師也講了……卻是講得充滿新意，醒神又入心，難怪小朋友很想返主日學了！

袁沛充牧師

編者的話
——陪著你走

陪著你走
要知道你身邊有我們緊握你的手
我們十個與你編出十一雙足印
加上天父無形的恩手
陪著你一生事奉到白頭
把心中牧養幼兒的星星閃得通透
天父和我們都陪著你走

我任職的機構早前請來盧冠廷錄影《天鳥回歸音樂會》，當時我坐在錄影廠一角欣賞盧盧唱《陪著你走》，想起了你們——我親愛的主日學導師。

去年我獲香港浸信會神學院邀請，開始參與教授「幼兒宗教教育證書及文憑課程」，學員當中有在職教師、主日學導師和在教會負責兒童事工的同工。他們很多都面對同一個處境，就是在事奉路途上感到無助乏力，經常認為自己無創意，又控制不了一班小天使，對教學失去自信。

各位導師，你們所面對的問題，我和我的同工都面對過，亦都仍然面對著，事實並沒有因為一次的處理而不再重現。

你現在雙手捧著的書，構思來自我在浸信會神學院近百位學員所發出的聲音；完成，靠著的是天父的恩典。天地有大美，皆因天父在其中！

這書中將會展示九個以聖經人物為題，不同風格和不同手法的活動教學教案，有活潑的，有嚴謹的，有溫馨的，有動靜兼備的，有具創意的，有苦口婆心的，有你可能會覺得是平平無奇的。然而每一個教案都出自天父和導師的一片心，一片對幼兒的愛心。因此，每個導師、每份教案都是獨特的，有其分享的價值。

我認識我的同工多年，他們每一個的事奉故事，我都有一定的了解；他們每一個在主日學事奉的恩賜，我心中清楚。這次他們各自選取一份有關聖經人物的教案與你分享，透過教案，與你分享教學心得外，也與你分享他們在主日學事奉的故事，希望你能從我和他們走過的路當中，找到一份同路人的安慰及一種積極的原動力。

從我對他們的認識可知，這些教案大部分都並非他們最精彩的一份。他們選取這份的原因各有不同，但有一點可以肯定的，是這份教案代表了他們各人與天父的一份濃厚恩情。他們想藉這份情、教學的心路歷程，陪著你，與你拖著手，邊走邊說。

這份恩情，將我們十個人連繫起來，組成這本書，希望你看完這書後會發現，每個細節，其實天父都參與在其中。

我親愛的主日學導師，請你別氣餒！

陪著你走的

Eliza

2008 年7 月

目錄

第三部分・特殊活動範例

附錄

如何使用本書

本書是專為幼稚園級導師而設的「幼兒導師手記」，作者以聖經人物作主題，為導師提供實用的教案，亦跟導師分享構思教案的過程，以及教導期間和事奉裏的學習與得著，他們對導師職份的看法。從這書中，導師不單可以得到可使用的教材，更能分享教學上的同行者的經驗，得到鼓勵繼續向前。

課程對象

書內教案專為幼稚園級幼兒而設，期望透過聖經人物的經歷及有趣的活動引導他們明白真理，培養他們的品格。課後延伸活動供父母與幼兒重溫課堂內容。

教案構思及事奉分享部分則為教導幼兒的導師而設，讓他們在事奉旅程上分享到同是幼兒導師的弟兄姊妹的經驗和體會。

本書結構

1 **教學之前**

這部分包括建立教學團隊的概念，發掘無窮創意的方法，以及淺談遊戲對幼兒學習及成長的價值；旨在於教學前幫助導師了解建立富創意團隊的理念與方法，在課堂並整個主日學安排中使幼兒得益。

2 主題教案

共九個教案，可供十課使用，加上特殊活動範例的四個例子講解，足夠導師於一季內使用。

九個教案以聖經人物作主題，按聖經次序編排，透過這些人物的故事教導幼兒認識聖經真理和良好品格素質。

基本每課約六十至七十分鐘，可於一次課堂內完成。導師可按各自情況修改課堂內容或各部分所需時間。

3 延伸活動

每課後的延伸活動供父母與幼兒重溫課堂內容，進行相關親子活動，深化學習的信息。

4 教案構思及事奉分享

每課作者分享如何構思和預備該課的主題及內容、教學期間的得著並對導師職份的看法。盼望成為其他擔當這崗位弟兄姊妹的幫助及支持。

5 特殊活動範例

四個範例，為主日學編排裏必會遇到的生日會、母親節、父親節和結業禮提供新點子，幫助導師更具創意地安排這些課堂。

6 附錄

為導師提供工作紙、圖樣和詩歌譜，方便他們翻印或放大使用，預備各課堂的教材。

第一部分

教學之前

1

如何建立教學團隊

幼兒主日學的服事，是一項團隊事奉，需要各導師上下一心，有共同信念和異象，並願意為幼兒事工委身，帶著使命感去面對不同挑戰。

在金巴崙長老會道顯堂，每週經常出席幼兒主日學的幼兒達三十六至四十人，幼兒主日學導師就有十五人，我們需要建立一個健康的導師團隊，去教導和建立教會的新生代。

建立主日學導師團隊的概念，就如軍隊的一般，需要講求團隊精神和使命。團隊裏若然有個人主義是不行的，面對困難或個別隊員犯錯時，整個團隊都應一起承擔。

健康的團隊不單令整隊得到榮譽，而且可以成為隊員一起前進的動力，就像生命的神蹟如煙花般璀璨，叫身旁的人感動，見證天父的作為，將榮耀歸給祂。

我認為健康的團隊應具備以下三個要素：

1　一個健康的團隊裏要有對生命的觸摸

雖然導師之間可能熟稔，但要自己將一切事告訴他們，與他們分享，的確有點難度。要達到這種主內的親密關係，導師之間要經過長時間相處，常常溝通，互相了解，彼此建立互信，才能將一切事告訴對方。例如攔阻心靈去備課的原因，或者在教學過程中受到的信仰衝擊等。這一切事情，導師們都需要有可信任的渠道去抒發，並讓同路人進入內心深處，與他們一起在主裏面經歷。當導師之間的生命得這種觸摸時，事奉就變得更積極更有動力，因為導師知道自己並不孤單，他們有整個團隊與他們並肩而行。

以下的事例是否經常發生呢？在教會的祈禱會上，當牧師問到有沒有一些弟兄姊妹需要代禱時，我們真的清楚別人的狀況嗎？導師之間的溝通和相交時間足夠嗎？這正代表著過去一個星期裏導師之間的關心有多少。

當個別導師遭患難之時，我們應以安慰之心在他身邊支持他鼓勵他。安慰，有著「隨時的召喚」及「在旁邊」的意思，導師之間要常常彼此鼓勵和支持。

「我們在一切患難中，他就安慰我們，叫我們能用神所賜的安慰去安慰那遭各樣患難的人。」（林後一4）

由於教會事工繁多，但事奉人手通常不足，急起來時我們可能會不自覺地催促導師做這樣做那樣，將導師們看為工作機器般。我們應當留心，很多導師都是雙職母親或弟兄，他們都會有身心疲憊的時候，在繁重的事奉中，他們的生命都需要被觸摸、被愛被關懷。

有段時間，我因為電視台的工作繁忙，沒有時間如以往般悉心準備該年度的暑假主日學Summer Surprise，不單止抽不到時間到教會開會，就連騰空腦袋去構思主題和活動內容也成問題。我心中內疚不已，每堂行經主日學課室時，都有種說不出的歉意，加上工作已令我疲憊不堪，身心靈都得不到釋放。感謝主賜我一班好導師，因著多年來的伙伴合作，大家建立起深厚的信任和默契，他們知道我的難處，用說話安慰我，以身體力行來讓我安心，讓我在暑期主日學期間享「安息」，她們實在是可愛的天使。

2　健康的團隊要有對生命的欣賞

我會用「親愛的姊妹和弟兄」去形容我們的隊工。「親愛的」這個形容詞，代表對導師們的尊重，以及完全的接納，完全的鼓勵，並不是順口開河的。我們能講出導師的優點和值得欣賞的地方嗎？

我們欣賞導師們，應公開地表示稱讚。欣賞和質疑之間，你會選擇哪一樣呢？當有導師跟我分享他在備課時遇到困難，感到灰心沮喪時，又或者怕進入課室後處理不了班內幼兒的行為和情緒，而感到不知所措時，我們會質疑導師的能力嗎？有時候，當有家長走來跟你説某個導師這樣教得不對，那樣對幼兒説話不好等等，你會懷疑導師嗎？

這樣的質疑會對導師造成極大的陰影，以後一走進課室便會失去對事奉的自信，怕控制不了天真活潑又好動的幼兒，又怕講錯説話誤導幼兒而被家長投訴，誠惶誠恐，成為事奉成長路途上的阻力。

在主日學導師團隊中，我們應扮演甚麼角色呢？

我們應當常常鼓勵導師，彼此建立，定期進行導師分享會及祈禱會，從中讓導師有抒發的渠道。除了互相分享教學心得外，也是導師們之間公開地彼此讚賞的好機會。公開地讚賞，不論在導師會或家長會上，甚至在教會刊物的分享欄內，或祈禱會中，讓每個導師在眾人面前都有獲讚賞的機會，使導師的信心更肯定，對事奉的心志不被動搖。我們不要吝嗇稱讚的説話和掌聲。我們要有對生命的欣賞。

3 健康的團隊應有對生命的接納

當導師求情，求被原諒時，我們要好好照顧和安慰他們，接納他們的不足之處。不論導師們有沒有教學的背景或教主日學的經驗，以及是否曾經有一次半次的失當行為，只要導師是按聖靈感動去事奉主日學，我們都當以天父安慰之心去接納和扶持他們。當我們質疑導師的行為失當時，我們也應反省自己是否完全，有資格不去接納我們的肢體。我們初為主日學導師之時，何嘗未曾犯過類似的錯誤，面對過相近的屬靈掙扎？

只要是按著感動前來事奉的導師，我們就當安慰他們和接納他們的不足。在我和眾導師身上可看到，天父並沒有因著我們的不足而嫌棄過我們，反而大大的使用我們。在事奉當中，我們必然會有一些不自覺的毛病，但我們如何對待自己的導師呢？會否因為這樣，便有以後不再找他當主日學導師的念頭呢？

「不要緊，我們坐下來再想想，下次如何可以做得更好吧！努力加油！」

鼓勵和接納的說話，對當事人來說是很大的釋放，會使他更賣命更努力向前事奉下去，因為找著可信賴的同路人，事奉路途上並不孤單，有安慰，有鼓勵，有扶持，有接納。

與導師作真誠的相交，了解他的難處和問題所在，然後並肩攜手一起去面對，接納大家生命中的軟弱和缺點。你會發現導師之間的關係是美麗的。天地有大美，皆因神在其中。

一個健康的團隊是要有生命的接納，我們每個人都不完全，當我們想起主耶穌如何無條件地接納我們每一個時，便能夠學習如何接納弟兄姊妹。縱使導師們年紀不同，有不同教學經驗，不同的蒙召感動，不同職業，不同的信主年日，不同的家庭背景，但我所看見的，是一個具相同目標，願意委身事奉的羣體，給予我一家人的感覺。

究竟我們認識各導師有幾多呢？我們之間的溝通足夠嗎？不用當值入班房教書時，在教會內大家見到面有沒有打聲招呼，問候各人的需要，為他們代禱呢？當見到聽到有導師做得很好時，有沒有具體地讚賞去肯定他們呢？當他們偶爾做錯了事、說錯了話的時候，有沒有接納和安慰他們呢？還是轉頭就去跟牧師師母投訴呢？

我深信，快樂因分享而增添，愁慮因分擔而減少。當一個主日學團隊，有著對生命的觸摸，對生命的欣賞和對生命的接納時，讓大家分享到這份真情的祝福，事奉就是精彩的。這樣的事奉團隊，天父必會大大的使用。

尋找創意靈感小貼士

很多主日學導師，尤其是本身並非受訓或在職老師的，若然他們想為現成的課程和教案加添一些趣味，以滿足個別班級幼兒需要的話，他們都會遇到一個問題——如何尋找創意靈感？當週一至週六都被工作或進修課程或家務充塞時間時，在心靈枯乾的情況下，除了撥出時間靜心禱告等候天父的指引外，導師還有甚麼方法去解決眼前的問題？

通常，在創意產生的過程中，會產生「構思」，無論是靜思（靜的構思）或是到處去尋找創意的來源（動的構思），都屬於構思；但從經驗所得，「動的構思」格外有效，因為「動的構思」可以促使我不斷接受外來的刺激，以及激發各種不同的想法，進而產生創意。靈機一觸所產生的想法，或者經過構思所產生的想法，都是創意來源。但請導師不要心急，因為很多時一個精彩的創意想法，就算是靈機一觸而得來，都需要在潛意識中經過一段時間醞釀，醞釀時間因應各人的恩賜不同而長短不一。

以下一些心得，或許可以幫助到你！

1　**把不相干的事物組合在一起，例如：**

- 視像電話的產生，是由電視和電話結合而成的。
- 英文和粵曲，報紙和禮物包裝紙，痰罐和湯碗之間，可以有甚麼關係？
- 找個機會將原本風馬牛不相及的東西，緊緊相連在一起，若然兩者能連繫的話，你會發現何等幸福妙哉！

- 有一天，我到「圓方」商場逛街，想到「圓」和「方」從圖形上看來，大纜扯不上，但放在一起，卻又協調和諧。再想下去，圓形和方舟合得起來嗎？第二課〈方舟動物狂想曲〉的靈感，就是這樣得來的。

2 **將舊元素拼合成新組合，例如：**

- 近年流行的fusion（編按：意即融合）菜式，是將東西方的食品及烹調方式拼湊而成，令兩種不同的食品，相親相愛地結合起來。例如大受歡迎的芝士龍蝦伊麵、豆腐雪糕、京醬烤鴨墨西哥卷等。有沒有想過以家鄉雞的食品設計一枱酒席呢？主日學導師能否安排主耶穌和摩西出席同一個教學活動當中呢？
- 唱詩、分享、美勞、遊戲、講故事、茶點、唸金句……幼兒主日學的活動有十種八種，每次的程序都差不多……不如嘗試放棄預設的教學程序，從各種的課堂活動中，按主題需要，抽取三至四個活動進行，大玩特玩，或者將次序重新編排！新鮮感可是意想不到的啊！

3 **用新的眼光來看舊事物，以產生創意，例如：**

- 據說塗改液的發明，是因一個女士把指甲油混入白顏料後塗在錯字上。
- 據說隨身聽（walkman）是一個正在走路的男人想聽音樂而想出來的。
- 有沒有試過隨手翻開聖經，隨機地閱讀神的話語？又或者隨意翻開字典，找個生字來找靈感？不妨試試隨意找來一件物件或以在眼前走過的人物，強迫自己嘗試以它或他來進行創作！這種胡作胡為，有時能為思維閉塞的你打開雪亮的天窗！可能，甲蟲形的背囊設計，是因為有隻甲蟲在設計師面前走過呢！
- 比喻，在某程度來說，可以是為舊有事物賦予新意義，以協助去解釋一些抽象或難明的概念。例如電腦版面內負責儲存被刪除檔案的地方稱為垃圾筒，「百萬行」和「渣打馬拉松」代表同心和慈善，你又會用甚麼比喻，向幼兒解說耶穌的比喻呢？

- 玩音樂遊戲一定要在音樂室或有琴的地方嗎？唱歌一定要有伴奏音樂嗎？聽故事要坐在椅子上？利用幻想，將「慣常」的想法寫出來，仔細想想有哪些「慣常」是必須保留。想溜冰也不一定要到溜冰場，滾軸溜冰或許就是這樣想出來！
- 紅色給你甚麼感覺？會想起西奈山上的火燄嗎？白色呢？榮耀和聖潔？九十九隻羊讓你想到甚麼顏色？我會想起我最喜歡的綠色，平和、自然、生機、希望。試以一種顏色代表你對備課內容的看法，然後著手去完成你的內容設計。怎麼說？創作過程這東西有時候就是這樣抽象！
- 花時間重新檢視舊的主日學教材，將之局部改改，找來另一種手法和方式替代，或者翻個筋斗，將教材「連根拔起」再重新剪裁。有時候，我們認為「最不能改不能替代」的做法，其實就是我們先要落手的地方。

4 **嘗試簡單地改變物件的原有用途，例如：**

- 將水杯當作筆筒。
- 迷你戲院的出現（即是將一個大空間分成多格，重新調配用途），有沒有提醒你嘗試藉重新擺放枱椅和矮櫃，將課室變成多個空間，以吸引幼兒進行不同類型的活動？

5 **其他：**

- 抽象畫或水墨畫很多時會留下大片的空白，讓觀眾發揮自己的想像力和創作力。將聖經故事的尾段抽走，又或者將美勞手工的創作程序留白，可以讓幼兒有空間與活動的內容進行「有發揮性的互動」。
- 要是你是歌利亞而非大衛，你會怎樣寫「大衛打敗歌利亞」的故事呢？戀人看日落和失業者看日落，是兩種心態。轉換角色，讓自己以不同觀點去看自己的教案，自我評鑑，對導師絕對是一個好的反省與學習。
- 對幼兒來說，聖經故事裏的景物和人物都相當虛幻，導師應怎辦？沒有真的，我們可以幻想。試過在淺水灣沙灘穿上沙龍裙幻想自己在布吉嗎？購置一個樓盤單位是為了跟廣告裏那位環球小姐作鄰嗎？小男孩穿起皇家馬德里球衣和足球鞋便幻想自己是碧咸？我們的教學活動有沒有提供幻想空間呢？幻想，能令幼兒更容易投入概念的教導中。

摩西帶領以色列人出埃及過紅海，我們可以幻想成摩西帶領香港人過維多利亞港，不要詫異！我小時候就讀的小學的聖經科老師是這麼跟我們形容的，「各位同學，現在我們嘗試幻想，摩西帶領中國人過維多利亞港，逃避日軍從後追上來。」我現在仍然記得，她的形容多麼逼真震撼！幻想所帶來的代入感和記憶，不容忽視！

- 教會的物資、人手及地方都有限，沒有這個，欠缺那個，主日學還是要「開鑼」的，「基本要有」或「例牌」的做法，想透徹一點其實可能是可有可無的，視乎這課堂的切入點是甚麼。
- 「思考閉塞」時，可以選擇出外走走，總之讓自己有呼吸的機會，休息一下。創作，是需要空間的，不管是身子還是心靈。去飲杯鴛鴦（編按：即奶茶加咖啡）吃件奶油多士吧。在奶油多士身上，會否找著「五餅二魚」又或者「我的燈需要油」等故事的靈感，又或者思考聖經裏如何講述飲食呢？

淺談遊戲對幼兒學習及成長的價值

遊戲令幼兒投入主日學課堂活動，從中幼兒能獲得歡愉，並學會及體驗不同新事物，尤其是一些以幼兒的認知程度難以具體解說的觀念和價值觀。遊戲在美術、音樂以及體能上，對幼兒各有不同的價值。幼兒需要從遊戲中學習，在輕鬆歡樂的氣氛下，去拓展他們的認知領域，以及發揮他們獨特的創意潛能。因此，導師應該提供多些機會及不同物料，讓幼兒體驗和把弄，從中刺激他們思考，以創意方式去解決問題，完成他們的創作，滿足幼兒的創作慾望。

遊戲與美術

美術，是一項視覺欣賞的藝術。與遊戲一樣，美術在幼兒認知發展中具重要的功能。導師在設計需要豐富想像力的遊戲時，需要視覺的經驗提供題材，這是因為我們可以運用想像力，重複播放與修改視覺的經驗，以想像力將經歷的事件逐一串在一起。例如請幼兒從認知經驗中，想出身上有「圓形」的動物，並透過繪畫及美勞物料把牠製作出來。想像遊戲和美術兩者之間有共通的地方，就是它們都與幻想有關，需要投射，尋求新形式的體驗和推陳出新的構思。

遊戲與音樂

藝術的不同形式可以讓幼兒從多種角度來看同一件事物。音樂是隨著時間而變化的，因為音樂的過程就是時間。美術創作所呈現的只是完成的一剎那，而音樂則像電影一樣存著「隨著時間變化的過程」。在遊戲裏加上音樂，兩者之間便能製造出多層次的變化，令遊戲的變化更多，更有挑戰性。

遊戲與體能

運動不僅可強身健體，更能激發創造能力，是智能發育的原動力。幼兒在參與體能活動時，往往會創作出不同的玩法，或者不同的肢體動作去玩同一項活動。幼兒體育與成人體育的最大差別是前者有遊戲成分。幼兒都喜歡玩遊戲，熱切渴望遊戲。因此，導師應多安排體能遊戲，讓幼兒有機會利用身體及四肢，進行富教育意義和價值的活動，幫助他們保持身心舒暢外，亦提供機會讓幼兒展示他們豐富並多元化的創造力。

「創造力」即是產生創造行為的能力表現，是解決問題時所產生的對策能力。「創造力」涉及多種能力的運用，包括經驗的轉換，個人的主觀詮釋，動機性的決策，知識與經驗的運用。例如將不相干的事物組合在一起，賦予一個新的意義，好像流行飲料「珍珠奶茶」，是將煮糖水用的地瓜粉團加入奶茶中，配上粗飲管，便成為一種新飲料。又或者以新的眼光和角度去看舊事物，以產生創意，例如龜苓膏膠囊，以及濃縮中藥藥液的出現等，這些都是創造力的表現。

幼稚園之父福祿貝爾（Fredrich Froebel）視遊戲教學為幼兒教育最重要的課程，因此設計了二十種恩物，即是我們今日所說的具教育性和啟發性玩具，以這些「恩物」帶出的遊戲來刺激幼兒的思考及建構知識。福祿貝爾正視並肯定了遊戲對幼兒在啟發潛能上的價值，以及尊重幼兒與生俱來對遊戲的渴求。

自然主義者、現代兒童心理學的鼻祖盧梭（Jean-Jacques Rousseau）認為，老師應重視幼兒愛遊戲的天性、個性和興趣，並以幼兒為本位作教育中心，去推動順應自然和自動學習的教學原則。

若主日學導師以遊戲為核心，透過一個幼兒熟悉的聖經故事，進行遊戲活動，從而激發幼兒的內在學習動機和產生創造力，並投入故事情節中，將會是一個可靠及有效的方法。

第二部分

主題教案

第1課 亞當夏娃的快樂園地

主題內容：天父創造亞當夏娃，給他們一個快樂園地。

經文出處：創世記一章；約翰福音一章3節

教學目標：透過活動，幼兒能

1 學會天父在造人之先，已為人創造一個適合他們居住的地方；

2 知道天父創造的一切都有獨特的奇妙功能；

3 學會感謝偉大的創造主。

是日統籌：　　　　　　　　　　　　　　　　日期：

時間	活動及物資清單		人力資源
聚會前	**清理及佈置場地**		
15 分鐘	**唱詩歌** ☐ CD ☐ CD機 ☐ 歌詞 ☐ 身體各部分的圖片		
20 分鐘	**講故事及做手工** ☐ 男女人物手偶各1個 ☐ 大自然景觀VCD ☐ VCD機 ☐ 電視機 ☐ 黑色畫紙	 ☐ 彩色粉筆 ☐ 彩色泥膠 ☐ 枱布 ☐ 濕毛布 ☐ 圍裙	
15 分鐘	**教金句及做金句簿** ☐ 4R細相簿 ☐ 本週金句紙 ☐ 畫紙	 ☐ 顏色筆 ☐ 剪刀 ☐ 膠紙	
15 分鐘	**茶點** ☐ 食物 ☐ 飲料 ☐ 餐具		
1-2 分鐘	**結束祈禱**		

一　唱詩歌

與幼兒唱以下詩歌，引起他們的學習動機。歌譜可參《天父世界唱遊樂歌集》（香港：宗教教育中心）。

唱詩歌《頭肩膝頭腳趾公》，導師帶領幼兒唱歌及做動作，讓幼兒認識身體不同部分。

唱詩歌《我的身體》，導師先説出各身體部分的功能，邀請幼兒猜所説的功能是屬於身體哪一部分，之後同唱這首詩歌。

唱詩歌《神愛我愛你》，導師請幼兒説出天父造了甚麼水果和植物，然後請幼兒説出天父造了甚麼動物，導師邀請幼兒一同為詩歌設計動作，增添幼兒的投入感。同唱這首詩歌。

告訴幼兒天父造我們身體各部分有不同的功能，如手可以拿東西、拍手等，請幼兒自由地發表和分享。

二　講故事及做手工

請家長義工協助搬枱，放枱布及濕毛巾，讓幼兒圍圈坐並穿上圍裙。

讓幼兒知道天父創造的奇妙，感謝偉大的創造主。用手偶扮演亞當夏娃，向幼兒介紹他們有奇妙的身體，和在坐的幼兒一樣。

導師向幼兒講解，天父很愛護亞當和夏娃，因此在未曾造他們之先，天父就造了一個舒適的環境讓他們生活——快樂園地伊甸園。導師同時間可以播放有關大自然景觀的紀錄片。

導師以手偶亞當和夏娃講述六日裏天父創造世界及人類的過程，幼兒同時間用黑色畫紙及彩色粉筆繪畫天父創造世界，或者用泥膠將受造物捏出來。

亞　當：天父創造了這個世界，你知道祂第一天造了甚麼嗎？

夏　娃：我知道！天父在第一天說：「要有光」，那就有了光。祂看光是好的，將光和暗分開，稱光為「晝」，稱暗為「夜」。有晚上和早晨之分了。

亞　當：你果然聰明，那第二天祂又造了甚麼呢？

夏　娃：第二天祂造了空氣，將水分開上下，空氣便形成了。

亞　當：神還稱空氣為天呢！第三天祂造了陸地、海洋，你知道陸地、海洋是怎樣被造出來嗎？

夏　娃：當然知道啦！神讓水聚在一起，陸地就露出來了，陸地及海洋就這樣形成了，小朋友你們喜歡吃水果蔬菜嗎？它們與所有花草樹木都是神在第三天造出來的。你已經問了我頭三天的創造，現在輪到我問你，你知道第四天被造的是甚麼嗎？

亞　當：知道！太陽、月亮及星星都是第四天被造的，可以分晝夜、作記號、定節令、日子及年歲，還可以普照大地、管理晝夜及分別明暗。

夏　娃：原來這樣的！那各類的飛鳥、昆蟲、動物又是何時被造出來的？

亞　當：第五天神造出水中各種魚類，造出空中雀鳥，神還賜福牠們要滋生繁多呢！第六天神造陸地各類爬行動物及昆蟲……

夏　娃：我知道，我們也是在第六天被造的。

亞　當：你說對了，我們也是在第六天被造的，神還讓我們管理海裏的魚、空中的飛鳥、地上的昆蟲動物，給我們吃地上的蔬菜、樹上的果子，而地上空中的動物，神就為牠們預備草作食物。

夏　娃：那麼神第七天造了甚麼呢？

亞　當：已經造了這麼多天，第七天當然是休息啦。就像我們的星期日一樣，放假休息啦！

小朋友你喜歡天父為我們創造的世界嗎？能讓我看看你們所畫／做的天父世界嗎？

引導幼兒猜想亞當和夏娃是否喜歡神為他們創造的世界。請幼兒以說話及美勞作品表達他們對天父創造的世界的感想。

三　教金句及做金句簿

教導幼兒學習聖經金句：「萬物是藉著他造的；凡被造的，沒有一樣不是藉著他造的。」（約一3）

讓幼兒設計一本屬於自己的本月份金句簿。先讓幼兒在畫紙上設計自己喜歡的圖畫，然後請家長義工協助，以畫紙把4R相簿包好。

請幼兒將本週金句紙放入相簿內，導師帶領幼兒朗讀本週金句。

四　茶點

帶領幼兒分享神創造的食物並感謝偉大的創造主。導師邀請三個「服務天使」幫手派杯碟，並為茶點感謝禱告，導師分發茶點。導師和幼兒一同開心地享用食物。

五　結束祈禱

邀請一至兩名幼兒和教師一起帶領祈禱，感謝偉大的創造主，天父的創造，我們應珍惜並保護這世界，使它更美妙。家長義工協助導師於幼兒離去前派發泥膠，請幼兒於下週把手工帶回來。

課後親子活動

家長與子女一起用泥膠做亞當夏娃，並於下一次主日學帶回教會。家長透過與幼兒做手工，讓他們知道神創造天地和人類，是為了要彰顯祂的大愛，祂為人預備了一個美麗的世界。家長可鼓勵子女表達對天父創造的世界的感想，並嘗試將愛護美麗世界（環保）的概念灌輸給子女。

導師留意

幼兒對創世記的內容或許並不陌生，特別是蛇引誘夏娃偷吃分辨善惡樹果子的故事。由於是次的教學內容強調天父愛人，為人類創造美好世界，我們應常常感謝主的恩賜，所以導師教這課時，需要留意集中於創世記一章有關神創造的內容。

教案構思及事奉分享

譚惠娟、韓王鳳

Angela：鳳姐姐，你為甚麼會當上幼稚園級主日學導師呢？

鳳姐姐：我因為太喜歡小孩子，在一位於主日學任教的姊妹介紹下加入主日學當領詩。最初對主日學並沒有甚麼認識，因為自己也沒有上過幼稚園主日學，但心想領詩又不用花太多時間，就在這樣的情況下加入。後來芝瑛見我與你已負責這崗位一段長時間，幼兒對我們也有一定的認識，便問我們有沒有興趣當導師。起初我還是有一點害怕猶豫，雖說自己已經信了一段時間，但對聖經的認識不太深，對應該甚樣教也欠經驗，心裏很懷疑自己是否擔當得起。幸好芝瑛叫我與你一同合作上課，我們又已經在領詩上是拍檔，合作起來有一定的默契，不用從頭開始，便一口答應了。

Angela：我和你的經歷也很相似啊！

鳳姐姐：你還記不記得我們怎樣決定這次的主題呢？

Angela：怎會忘記呢？如何讓幼兒在課室裏感受到天父創造之奇妙及偉大呢？便是我們構思這堂主日學活動的主題，當時我想起兒時，大自然就是我的玩具，我喜歡欣賞日出日落，黃昏的彩霞，雨後的彩虹，跟著爸爸去照墨魚，跟哥哥去捉田雞、小蟹和「金絲貓」（不是真的貓；編按：即豹虎，屬蜘蛛科），和同學上山採山棯等等……在我小小的心靈裏常常有很多問題：為甚麼蟹是橫行的？為甚麼青蛙總是「蛙蛙叫」？為甚麼大部分的花都在春天開，樹葉在秋天落下？為甚麼大自然有這麼多不同的生物？一連串的問題，大自然沒有給我答案，兒童版的《十萬個為甚麼？》裏也找不到答案。我小時候沒有機會接觸福音，不知道是神創造了這個世界，所以現在我更希望與幼兒一起感受神創造之奇妙。

在課堂內教學和在戶外不同，不能讓幼兒直接接觸大自然去感受神創造之偉大。另外，經文說：「耶和華神用地上的塵土造人，將生氣吹在他的鼻孔裏，他就成了有靈的活人，名叫亞當。」（創二7）但我如何讓幼兒明白，人是與其他動物不同的，只有人接受了神給他的呼吸，人便活起來呢？事實上，人是由身體及靈魂所組成的；神給了我們生氣，突顯了人在神的眼中是獨一無二的，是與其他動物不同的。

幸好，在教主日學的路途上，我有你這個好伙伴與我一起並肩而行。我們在備課時經常思考主日學的內容如何可以更有趣生動，於是我們打算透過幻想，讓幼兒利用色彩把美麗世界繪畫下來。我們想突出天父創造這世界是從無到有的，用一般白畫紙未能突出世界未被創造前的混沌景象，於是我們選擇了黑色畫紙，再用彩色粉筆在上面繪畫，想不到效果非常好。我們一邊說故事，幼兒一邊繪畫，黑色的畫紙被他們塗滿了色彩，代表著神創造的光與暗、日與夜、水與地、鳥與獸……此外，我們想透過手的觸感，用泥膠塑造亞當夏娃的樣子，讓幼兒感受神創造人類時付出的愛，祂如何賜身體各部分給我們，讓我們去感受這個世界，可以看到美麗的圖畫，聽到悅耳的音樂，嗅到香噴噴的花香，嘗到美味的食物，嘗到冷暖。更可以感受到神在造人之先，為我們創造適合我們生活的世界的這份愛。

鳳姐姐：對啊！神讓我們明白兩個人總比一個人好，在事奉的路上祂已為我們預備好。你是社工，有帶領活動的恩賜，所以每次都能使幼兒專注，以最合時的活動引起他們的學習動機。神也奇妙地使用我，從對做手工沒有興趣，卻因事奉關係逐漸愛上做手工，主動去逛有關的商店，發掘合適的材料，遇上不明白的地方亦曾向學校裏的視藝科老師詢問。我實在感謝神，祂每每都給我靈感，啟發我。

藉著我們遇到的困難，彰顯神的大能力；我們事奉中遇到不少困難，如地方不足，出席率不穩定，我們的工作太忙等。今年所教導的幼兒，是我們由幼稚園低班教到高班的，起初人數約為十二人，本應能安排到較大面積的班房上課，但由於本年度低班收生十四人，人數較多，所以我們只能到較細的班房上課。負責主日學的同工曾叫我們考慮分班上課，以維持上課秩序，但我們經商量以後決定寧願圍枱坐，減少幼兒走動的機會。此外，我們每次下課時都提及下星期的活動安排，放學時會提家長下次帶幼兒回來。有時亦會給他們功課回家實行，若下次回來時能交上的會有小禮物作獎勵。給幼兒的功課其實一點也不容易，多是要家長共同實踐的。

因為我們的工作忙碌，很多時都不能坐下來，一起商量課程，只好靠在電話中商討及分工。你很多時負責帶能引發動機的遊戲，接著我們便講聖經故事，我負責帶手工及預備茶點。

我們的主日學事奉是一年負責兩個月的，暑假時則由所有導師一同負責。記得有一次，我們在四星期中的首三個星期，已經以繪畫或與繪畫有關的方式做手工，到第四個星期的時候，因為工作實在忙碌，我實在沒法想起該做甚麼手工，便隨便說不如畫畫。你的第一個反應是：「又是繪畫，還有沒有甚麼可做？」說真的我腦裏全是一片空白，想著的全是未完成的工作，心裏枯乾，雖然自己知道不可能又是繪圖、填色等，但又沒有辦法，只有心裏向神呼求，請祂告訴我應該怎樣做吧！就在這時候你跟我提議不如用泥膠創作，這是我從沒有想起的嘗試，天父做幼兒的小手，它們同樣有創造的能力！結果幼兒的作品當然給我們無限驚喜。那次的故事是五餅二魚，沒想到我們不但有形形式式的五餅二魚作品，還有五餅二魚包，外形就像漢堡包那樣呢！

Angela：現在想起來，主日學的教案常常是在你和我的傾傾講講、修修改改之下設計出來的。若沒有你這個伙伴，我想教主日學一定沒有現在那麼有趣。你和我最初只是一起領詩，我們都喜歡活潑生動的課堂模式，所以在領詩的時候，我們會加入活動的元素，如有趣的動作，甚至邀請幼兒參與設計歌曲的動作，使他們更投入同唱詩歌。感謝主的帶領，漸漸地我們兩人多了默契。後來因應主日學的需要，曾要求我們「拆伙」，但在我們「強烈」要求下，便又兩人一起教主日學了，這使我們更能夠互補長短。

你對選擇合適課題的手工特別有心得，而且常付出很多時間先做好一些手工作為示範。幼兒看到這些示範製成品，往往就更有興趣參與。而我由於喜歡玩，最愛在教學過程中多加些「鬼鬼馬馬」的表達技巧，讓幼兒覺得有趣。在設計教案時，除要留意每個活動的編排是否適當，我堅持多用互動的方式教學，使幼兒可以表達他們的想法。

我覺得天父最了解我們，祂知道我們的不足，我們就以組合來教主日學，使我們各自發揮所長，讓幼兒明白聖經道理的同時，更喜歡上主日學。我們合作得久了，愈發覺以組合形式教主日學，在靈命上也有互相提醒的作用，也不容易感到枯乾。

尋求令整個主日學的內容程度切合幼兒的心智和認知能力，這讓我們有更多學習和體會。不要以為幼兒甚麼也不懂，隨意教他們甚麼都可以，也不要以為將課程改得「低能」些便適合幼兒。他們的直接反應會告訴你，你所設計的活動是否切合他們的需要，他們喜不喜歡。所以每次主日學對我來說，都是挑戰。「只要存心謙卑，各人看別人比自己強。」（腓二3）真正的謙卑，讓我們對待幼兒時不驕傲自大；讓我們合作時，更多欣賞對方的優點，少作消極的批評。

鳳姐姐：是啊！有一節聖經金句時常鼓勵我：「教養孩童，使他走當行的道，就是到老他也不偏離。」（箴二十二6）主給我們的使命是帶領幼兒明白當行的道路，這是十分重要的，也是對神愛的回應。記得我們隨著孩子長大，決定於今年主日學加插背誦聖經金句環節，也曾擔心他們會不適應，背誦起來不通順。於是我們便請他們自行創作聖經金句簿，藉此鼓勵他們多背誦聖經，把神的說話藏在心裏。經過兩三個星期的課堂背誦，仍是不太順利，他們仍是背誦得不太通順。直至第四個星期，竟然可以一字不漏地背誦，還說是回家叫媽媽教導的。我們因此都滿心歡喜！

Angela：曾經也有一位家長對我說，他的孩子告訴他最喜歡的主日學老師是Angela姐姐，令我充滿喜悅，感謝神！這並不代表自己很成功，而是看見孩子是真心地接受我們的努力，使我完全忘記之前備課時

遇到困難的困惱。「我的恩典夠你用的，因為我的能力是在人的軟弱上顯得完全。」（林後十二9）在感到無以為繼的時候，我總會想起這節經文。神的大能是實實在在的，祂要成全的，就必能成全，這是我實實在在地感受到。

鳳姐姐：我也替你感到高興！我要感謝神讓我在教導主日學中再次認真面對自己的信仰，重新一次學習聖經。要感謝芝瑛給我機會及鼓勵。要感謝你，因為你讓我知道自己的不足及認識自己的恩賜，彼此鼓勵扶持。又要感謝曾被我教過的小朋友，是你們讓我看到神奇妙的作為，在你們身上我有更多的學習體會。再要感激曾在事奉中幫助我的同事、朋友及弟兄姊妹，沒有你們，我的事奉實在有所欠缺。

作者簡介

譚惠娟，Angela，主日學領詩、導師，正職社工。愛玩愛笑愛小朋友愛天父，喜歡與鳳姐姐合作教主日學。其他主日學老師戲稱我們是雙生兒（Twins），我們的樣貌也愈來愈相似。

韓王鳳，亞鳳，主日學領詩、導師，正職學校書記。時常形容童年時的自己是迷途小孩，直至初中信主，才尋到人生意義。喜歡與小孩子相處，因為他們擁有燦爛而純真的笑容，一無掛慮。

第2課 方舟動物狂想曲

主題內容：以豐富的創意和想像力，讓幼兒從另一個角度去體驗挪亞方舟的故事。

經文出處：創世記七章1至15節

教學目標：透過活動，幼兒能

1　展現豐富的想像力和創造力；
2　體驗互相幫助的團隊精神；
3　欣賞各種受造物在外表及能力上的獨特性。

教學內容：這是一個為時一小時四十分鐘的教學活動，加上二十分鐘的課前崇拜，課長合共兩小時，適合於教會進行大型活動日或聯合崇拜日，幼兒主日學需要加長上課時間的時候使用。這個教案也可以分成兩部分，連續兩個主日使用。

是日統籌：　　　　　　　　　　　　　　　日期：

時間	活動及物資清單	人力資源
聚會前	**清理及佈置場地**	
15 分鐘	**引起動機　活動：畫筆在圓形上跳舞** ☐ 顏色筆 ☐ 圓形圖	
15 分鐘	**活動前奏** ☐ 挪亞方舟大圖書／VCD　☐ 玩具電話 ☐ 電話鍵盤紙	
20 分鐘	**遊戲1：甚麼動物身上有圓形？** ☐ 挪亞服飾　☐ 安全環保物料 ☐ 畫紙　☐ 美工材料 ☐ 顏色筆　☐ 剪刀	
10 分鐘 10 分鐘 10 分鐘	**遊戲2：圓形的動物如何「上」方舟呢？** ☐ 安全清潔的地板 ☐ 膠球1個 ☐ 室內滑梯或自製滑梯 **實驗遊戲** ☐ 方舟平面圖（入口在船的底部） ☐ 方舟平面圖（入口在船中間） 排隊往洗手間	
20 分鐘	**遊戲3：方舟音樂派對** ☐ 挪亞太太服飾　☐ 三角鈴 ☐ 鋼琴　☐ CD ☐ 搖鼓　☐ CD機	
	下課 ☐ 雷雨音效CD	

活動：畫筆在圓形上跳舞

請幼兒在一張印有十二個圓形的白畫紙（見附錄，頁130）上，為圓形圖案加上線條及顏色，令每個圓形變成有意思的物件，讓幼兒發揮對圓形的聯想力和對身邊周圍事物的觀察力。

教學小貼士：導師應把握機會，從作品中了解個別幼兒的各項潛能，以及從他們的觀察，去了解幼兒的起居生活模式。

二　活動前奏

透過翻閱大圖書，或快速觀看故事卡通片（可在坊間或基督教書室購買），導師以問題形式與幼兒重溫他們相當熟悉的聖經故事「挪亞方舟」，帶起談話的氣氛，讓幼兒在腦海中記起這個聖經故事。

導師提議去探挪亞，幼兒當然舉腳贊成！

導師可與幼兒一同創作：探訪親朋通常要帶備手信，探訪挪亞，我們應該送甚麼禮物給他好呢？潛水艇？優質木頭？維他命或魚肝油以補充營養？電視機以防他在方舟發悶？（他會收看甚麼電視台？由動物做主持的方舟台？）又或者送挪亞一部手提攝錄機，讓他拍下四十天洪水的情況？請導師與幼兒盡情分享大家的奇想。

由現在開始，導師搖身一變，變成旅行團領隊，與幼兒一起回到古時。

探訪，禮貌上要先通知被訪者，對嗎？用甚麼方法通知挪亞呢？飛鴿傳書？還是打電話最直接！此時助教將一幅放大了的電話鍵盤紙（見附錄，頁131）貼在牆或白板上，導師則手持一個大玩具電話。

導師邀請一個幼兒出來負責聽指示按鍵盤，幫手打電話給挪亞。

導　師：（扮電話熱線服務語句）要打電話去遠古時代，請按００７。
（幼兒照著數字按鍵）如果要去舊約時代，請按１字；新約，按２字。（幼兒按鍵）如果要去找亞當和夏娃，請按１字；找亞伯拉罕，請按２字；找挪亞，請按３字。（幼兒按鍵）

幼兒按指示做對之後，電話便撥通了。

導　師：喂，我想找挪亞，請問他在嗎？

挪　亞：（由扮挪亞的導師，在課室門後面說）我就是挪亞，你是哪位？

導　師：我是＿＿＿＿＿（導師姓名），現在想和主日學的小朋友一同來探你，好嗎？

挪　亞：當然好啦，歡迎你們呢！趁動物還未上方舟，你們快點來吧！

導　師：太好了，稍後見！

幻想之旅，出發！！

如教會地方充裕，導師帶領幼兒進入另一間課室，不然的話，大家原地團團轉幾圈，當作時光倒流！

三　遊戲１：甚麼動物身上有圓形？

挪亞出來迎接幼兒，由此開始，挪亞便和領隊導師一唱一和地帶領整課活動。

1　挪亞讓幼兒自由地說出在方舟上出現過的動物及昆蟲名稱。例如長頸鹿、食蟻獸、河馬、鸚鵡等。

2　領隊導師藉活動「畫筆在圓形上跳舞」，引導幼兒去思考，在哪些動物身上找到隱藏了的圓形。例如斑點狗的黑斑點、熊貓的圓圈、河馬的鼻孔、青蛙的腳趾、花貓的眼睛等。挪亞讓幼兒自由地表達想法，在有需要時，給予幼兒一些思考方向性的指引。例如：哪些動物的皮上有圓形斑點？哪些動物的腳掌或腳指呈圓形狀？哪些昆蟲的甲殼或翅膀上有圓形圖案呢？

過程中挪亞要不時讚賞幼兒的觀察力，以及讚美神的奇妙創造。

3 挪亞請幼兒選擇一種身上有「圓形」的動物，簡單地畫出來。請助教隨即將作品貼在方舟牆壁上，即課室當眼處。

如果時間充裕，導師可以請幼兒以環保物料將一隻有隱藏了的圓形的動物造出來，放在方舟內展覽。

教學貼士：因受潮流文化影響，幼兒在描述不同受造物的外形時，可能會愈講愈卡通化漫畫化，導師應讓幼兒繼續分享，無需刻意去糾正，以免破壞想像活動的氣氛。

四　遊戲2：圓形的動物如何「上」方舟？

做完美勞，挪亞想跟幼兒一起鬆一鬆玩滾球遊戲，領隊導師和議。

首先在空中拋接膠球，繼而在地上滾來滾去，最後讓幼兒與膠球一起玩滑梯，並讓幼兒嘗試將膠球由滑梯的底部往上滾，經驗膠球不能自己往上滾的事實。因為地心吸力會將膠球帶回地面。

實驗遊戲

1 挪亞先向幼兒展示一幅方舟圖，圖上方舟的門口開在方舟的底部，挪亞請幼兒想想：圓形的動物如何入方舟呢？請幼兒分享，然後讓幼兒在地上以滾動身體，或打筋斗方式入方舟。

2 挪亞向幼兒展示另一幅方舟圖，圖上方舟的門口開在方舟半身處，入口至地面則放置一塊木板，讓動物走上去。挪亞請幼兒幫助他去解決一個難題：圓形的動物如何上方舟呢？領隊導師請幼兒幻想自己是一隻圓形的動物，他會用甚麼方法入方舟呢？先讓幼兒互相進行討論。

3 導師鼓勵幼兒將討論出來的想法付諸實行，讓幼兒嘗試如何滾入方舟，從失敗中改善解決方法。他們的想法可以是找大麻鷹幫手，用麻繩綁好圓形動物吊上方舟，又或者請大笨象用鼻子將圓形動物推上方舟等等。導師讚賞幼兒的創意解決想法，以及肢體動作設計。

之後，導師安排幼兒排隊往洗手間。

五　遊戲3：方舟音樂派對

挪亞和幼兒一起玩拍皮球，挪亞順道向幼兒展示皮球的特性：能彈高、旋轉、滾動，領隊導師和幼兒有一分鐘時間體驗皮球的特性。

故事繼續，挪亞、領隊導師、眾幼兒以及所有動物進入了方舟，挪亞約略向幼兒簡介方舟的大小及內裏的間隔，例如方舟的長度等於多少輛巴士，高度如多少層樓高等資料。根據聖經的記載，方舟長三百肘（《聖經新譯本》〔簡稱《新》〕作133公尺／米），即是約十三輛雙層巴士列隊般那麼長，寬五十肘（《新》作22公尺／米）即是大約三輛小巴橫放般寬，高三十肘（《新》作13公尺／米）即大約四層樓般高。以體積來算，約為著名的鐵達尼號的五分之三。

所有動物進入方舟後很高興，於是挪亞太太（宜選具音樂恩賜的導師來扮演）建議來一個大型音樂派對。對於圓形的動物來說，牠們的舞姿會是怎樣的呢？請幼兒分享剛才玩皮球的經驗。

挪亞太太播放一段節奏明快的舞曲，例如聖桑的《動物嘉年華》或柴可夫斯基的《胡桃夾子》都是不錯的選擇。當中可適量加插小型鋼片琴或鋼琴、搖鼓、三角鈴製造出來的不同音樂效果。這些圓形動物會如何用身體去回應這些跳音、滑音、大聲、小聲、強聲、弱聲，以及來回撥琴鍵的聲音呢？請領隊導師和幼兒想一想。

挪亞太太再次播放樂曲，請幼兒根據皮球的特性，以肢體去創作動作回應。領隊導師在適當時引導幼兒思考。例如：

圓形動物聽到跳音時會彈起；

聽到大聲時體型會變大；

聽到小聲時體型會變小；

聽到強聲時會跳得高些；

聽到弱聲時會跳得低些；

聽到來迴旋的聲音時會在地上滾來滾去；

聽到打轉敲響三角鈴時會在地上旋轉；

聽到搖鼓給大拍一下的聲音時，圓形動物會靜止。

六　下課

挪亞和挪亞太太對於幼兒的來訪表示十分高興，但暴風雨即將來臨（請播放雷雨音響效果），領隊導師為保障幼兒安全，各人便跟挪亞和挪亞太太道別，然後返回現代世界（走到另一間課室，或原地轉兩個圈）。

課後親子活動

可以先與家長分享這課的重點，然後請家長自行在家中跟子女延續這項創意活動，以同樣的方式一起去尋找動物身上的長條形。過程中，家長會因著年幼子女那未被世情限制的思考模式所產生的創造力而感到驕傲。

導師留意

由於這課的重點是讓幼兒從創意及想像方式去「經驗」挪亞方舟的故事，因此導師要給予幼兒天馬行空的想像空間，並且透過適當的引導，讓幼兒的創意潛能得以盡展。導師自己亦應放下成人的思想模式，盡情並投入地與幼兒心連心，一起狂想。

教案構思及事奉分享

陳芝瑛

活動的構思

有一次主日學放學時，有個幼兒走來問我下一課説甚麼故事。我慣常都不會直接回答這樣的問題。因為當幼兒知道了後，他們便會失去對下一課的期待，所以我通常會以「答了等於無答」的方式去回應這樣的問題。

聰明的她開始有點不滿意我的答案，於是便嘗試試探一下。

「Eliza姨姨，是不是説耶穌平定風浪呢？」我只對著她微笑。

「那麼，又是不是約拿被大魚吃了的故事？」我仍然對著她微笑。

「又不是？莫非是説約瑟的彩衣？」我繼續對著她微笑。

「究竟下一課是説甚麼故事？挪亞方舟？」

「你喜歡我下一課説方舟的故事嗎？」我終於開口回答。

「我已經聽過很多次了。」

「你不喜歡嗎？你看起來似乎有點失望。」

「不，我喜歡聽，只是幼稚園低班和中班時主日學已經説過，學校老師也教過了。這樣吧，Eliza姨姨，你説方舟故事時，由我扮獅子吧。可以嗎？學校老師讚我扮得好呢！」

她想到挪亞方舟故事時，便想到「扮動物」，她這句回答一直留在我心中，直到今天。在幼稚園階段中，方舟故事的演繹就只有扮不同的動物，和關起燈一起數四十下，代表四十天的暴風雨，接著便一起做手工，齊齊創作一條七色彩虹嗎？

如果我是幼兒，我會如何期待方舟的故事呢？我們可以上方舟玩嗎？對，就上方舟玩吧！玩樂對幼兒太重要了，遊戲，是幼兒的工作嘛！對導師來説，遊戲是很重要的教與學元素。

那麼就上方舟玩吧！但還欠缺一個趣味的點子，來增加上方舟玩的刺激性。是甚麼呢？

天父的安排和供應的時間實在好到不得了。有一晚，我約了一個朋友到「圓方」商場去，朋友遲遲未到，我邊等邊逛，思緒在放紙鳶，想到「圓」和「方」從圖形上看來，風馬牛不相及，但放在一起，卻又協調和諧。再想下去，圓形和方舟又扯得上關係來嗎？「方舟動物狂想曲」的靈感，就是這樣得來的。

她想到方舟故事便想到扮動物，那就由這個慣常的期待著手，為她對這個課題帶來驚喜和意外吧，透過一種特別的動物出現，到方舟上去玩！

投入聖經故事，用狂想的形式去玩？平時上主日學，導師都會安排五至十分鐘遊戲時間，用不著玩足整課吧？似乎浪費了每週只上一次的主日學時間了！但請別忘記，主日學除了讓幼兒學習天父的話語外，也是建立幼兒的地方。偶然玩一次，也無妨！遊戲，實在有其重要的價值的。

設計目的

這次我嘗試以一個新角度，與幼兒重溫他們都很熟悉的聖經故事「挪亞方舟」，增添課堂的新鮮感和趣味性，並設計了三個以「圓形」為主題的遊戲活動，去提升幼兒的創意。

我期望透過這次活動，給予幼兒思考的機會，鼓勵他們嘗試創作，並在安全情況下允許他們用不同方式去創作，讓我班中的幼兒藉此感受一下創作過程所帶來的刺激和興奮，從而建立自信，勇於表達自己及面對挑戰。

例如第一個活動名為「畫筆在圓形上跳舞」，請幼兒在一張印有十二個圓形的白畫紙上，為圓形圖案加上線條及顏色，令每個圓形變成有意思的物件，以測試幼兒對圓形的聯想力和對身邊周圍事物的觀察力。

附件作品顯示，幼兒A主要以圓形去繪畫不同車輛，沒有太大發揮。幼兒B雖然有一半的創作是在圓形範圍內進行，但她畫的交通燈顯示出她的聯想力。而幼兒C和幼兒D的創意較為突出，他們都能跳離個別圓形的範疇，利用外圍空間去創作。

我們作為導師的，不要吝惜讚賞的説話和掌聲，記得對每個幼兒都要具體地稱讚和肯定。

幼兒A。可以看得出這幼兒很喜歡車，從中你看出有多少輛車嗎？車輪和人頭也能連成一塊的呢！

幼兒B。這個女孩子是樂天派，幾個圓都畫上笑哈哈。她想到有圈的眼鏡，是因為她當時剛配戴眼鏡。她也是個很守秩序的女孩，故此她從圓形會聯想起「不准吸煙」告示牌和「出入閘」的告示燈。

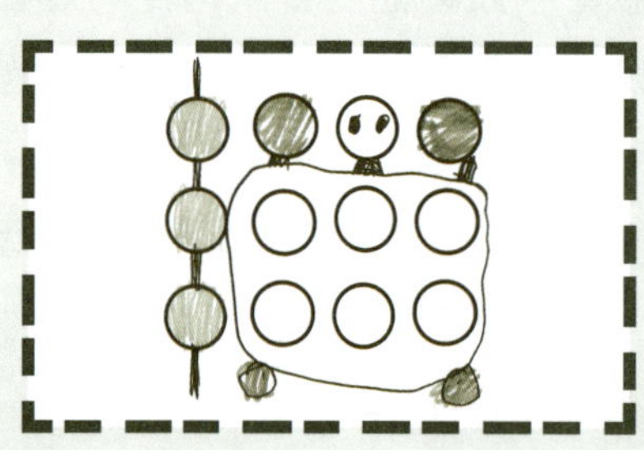

幼兒C。運用你的想像力吧！到底他在畫甚麼？枱？機械人？是一隻在一串魚蛋旁爬行的烏龜！

幼兒D。這個幼兒可能很期望坐飛機去看北京奧運吧！在飛機下的海洋中有八爪魚和小魚追趕著要吃車厘子！

他跳離圓圈的框架，將圓形之間的空間看成為一件物件的其中一部分，例如眼鏡、雙層巴士、交通燈，但也有從個別圓形直接去思考，例如汽球和波板糖。

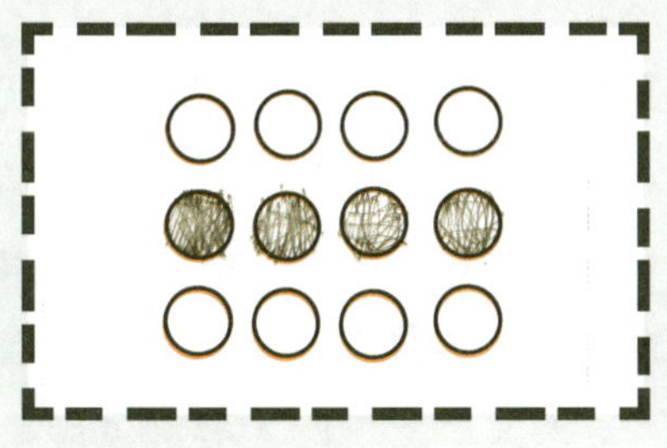

運用你創意，想想看這幾點綠色是甚麼。蘋果棋？圍棋？貼紙？三文治？通通都不是，這是個「一」字！這個男孩子是這樣解釋的：有個叔叔曾跟他說，一條線裏其實是由很多小圓點聚合而成的。請不要小看幼兒的記憶力、理解力和表達力！！

如何準備這課堂

由於我將這堂課定為與幼兒一起狂想，因此，我準備了兩套動畫影碟，一套是《反斗奇兵》（*Toy Story*），另一套是《朱古力獎門人》（*Charlie and the Chocolate Factory*）。我一手拿著朱古力百力滋，另一手拿著Q版維他奶，坐在沙發上看，儘量令自己從年幼孩童的心態去投入影片的故事發展中，去思考和找靈感。創意有時是需要外在刺激去激發的。

備課時我一直都反覆問自己一個問題：如果我只有四五歲，我會如何期待

「挪亞方舟」的到訪呢？主，求祢進入我心，與我一起狂想吧！

將心交託，奇妙的事就會發生，創意靈感便會不斷湧現，多得要去篩選和刪減！我們要記得創意無限的是創造天地的主！

謙卑在主面前，在自己的生命中檢視教學內容，我認為在開始備課之時，以這種方式去準備自己是最好不過的了。

教學過程中的分享

大部分我接觸過的信徒對主日學都有一個近似的觀念，就是認為主日學的課程內容應比學校的聖經科更為純正和嚴肅。因此，主日學要進行有效教學，才能令幼兒自小便有效地學習天父的教導。玩遊戲應留在課堂尾聲進行，而且遊戲應帶有教育意義。我們當善用和珍惜有限的主日學時間，去服事和牧養日漸長大的小羊。

然而，我認為主日學偶爾放假也無妨！

我覺得既然遊戲是天父賜給孩子的尊貴工作，師生在主內開開心心地玩亦可以是彼此建立良好關係的好機會。之前我分享過，主日學除了是學習真道的地方，也是彼此建立和彰顯愛與關懷的羣體。設計有趣的活動，讓幼兒有機會在眾人面前盡展才華，建立自信，接受別人的鼓勵和掌聲；要令幼兒覺得自己在主日學羣體中是獨特的，是值得被愛錫的，是天父所喜悅的，導師就應為幼兒的益處花心思去準備。

「只要心意更新而變化，叫你們察驗何為神的善良、純全、可喜悅的旨意。」（羅十二2）是我一向以來備課的核心信念。

從學生和家長身上學到的功課

一言難盡！我多麼希望將當時上課的情況攝錄下來，讓家長及讀者觀賞。你們必定會讚歎幼兒的驚人創意、創造力及解難能力。幼兒明辨思捷，小腦袋裏頭載著的寶貝比起多啦A夢的百寶袋更豐富，更有趣！身為他們的導師，我們要不斷更新我們的水泥腦袋，才能與幼兒的心接軌，在同一條頻道上溝通。在備課時，要檢視活動的趣味性是否足夠，以滿足幼兒的好奇心和好玩的真性情。

這個狂想活動讓我發現每個幼兒都有創造的潛力，但如何激發幼兒發揮其創意才是關鍵。從今次的經驗所得，幼兒的個人特質，以及學校的環境，對於幼兒的創造力會有較為直接的影響。我們作為主日學導師的，要了解幼兒的個人特質，以提供適當的活動和學習環境，幫助幼兒在靈裏長進和發展不同潛能，達至全面的培育。

對於今次的狂想活動，在家長身上，我感受到他們對導師的信任、接納和欣賞的美好屬靈質素。我好感謝家長的支持，明白到我們以「幼兒為本」的辦學理念，透過不同性質的活動去讓幼兒明白真理，感受甚至體驗信仰的真實。

家長的「放手」、「信任」，就是信心的交託。作為導師的也當適時學習放下自己對課堂內容設計上的主觀看法，靜心聆聽等候天父的感動和帶領，信任天父愛幼兒和祂對導師的豐富供應，將備課一事憑信心交到天父手中，讓祂透過我們導師的口將祂想幼兒明白的道理表達出來。

主日學導師的事奉職份

主日學導師是一個尊貴的職份。能夠被天父使用成為牧養小羊的器皿是我們的榮幸。耶穌説：「讓小孩子到我這裏來……因為在神國的正是這樣的人。」（路十八16）原來我們在主日學事奉時，正與似在神國裏的人交通，這是多麼難得的珍貴時刻！眼前坐著爬著跑著的，個個都是天使！

我班的主日學裏有個男孩，天生小肌肉發展遲緩，智商正常但未懂得説太多話，手腳未能協調，提筆填顏色有困難。由於他「能想」但「不能做」，所以經常鬧情緒要我抱，最近更搶同學東西，和用手將同學推倒等，以得到成人的注意。

主日學的羣體需要學會彼此接納和互相扶持，只在乎學習聖經知識而不重視實踐的話，那麼主日學跟一般學校的宗教科有甚麼分別？我問班內的小朋友是否願意跟那男孩做好朋友，他們想也不想就説願意，多麼簡單直接，多麼的可愛！

「他剛才搶走你的No.1 Thomas車呢！」

「他只想看看吧，我下次再帶No. 5 James給他看。」

「他推倒你好幾次了，你不恨他嗎？你還痛得哭起來呢！」

「那麼叫他下次乖些，他一定會乖的。」

「他坐不定周圍走呢！」

「我也想跟他離開座位周圍走呢！成日坐很悶的。」

現在明白為甚麼主耶穌説天國是小孩子的嗎？世界原是簡單和美好的。

小結

「方舟動物狂想曲」，包含著「不可思議」的意思。建造方舟原本對於當時的人來説已經是不能理解的事；體積有限的方舟能存留地上一切的活物，對於現代人來説也是不能容易相信的事；在主日學裏進行非一般的主日學活動，對你來説或許是難以一時三刻去接受的事，但「方舟動物狂想曲」的而且確是從上而來的靈感，幼兒的笑聲、滿足和得著是假不了的。

這個挪亞真搗蛋！你願意花點心思，讓這班搗蛋鬼以另一種方式，去領會聖經裏大大小小的故事嗎？

第3課
亞伯拉罕待客有禮

主題內容：講述亞伯拉罕如何在帳棚中接待客人（天使），客人預言神賜下兒子給亞伯拉罕。

經文出處：創世紀十八章1至13節

教學目標：透過故事和活動，讓幼兒

1 了解古代以色列人的帳棚生活；

2 知道神喜悅我們真誠殷勤地敬拜神和對待他人。

課前預備：

1 導師在課前預先製作以下手工：（1）用廁紙筒、乒乓球及顏色紙等材料，自製六個人物公仔，包括亞伯拉罕、撒拉、僕人、三個天使客人。（2）用長竹籤或絲花鐵線做帳幕支架，薄布片或氈絨布做帳棚的布帳。

2 課前預備迷你塑膠動物玩具牛、羊數隻。

3 當日課堂前，於課室裏預先準備迷你帳幕，在其中放置一些貼有帳棚圖的膠球。帳棚圖可參附錄，頁132，或可於互聯網上找到。

4 導師預備這課堂時，亦可參考網頁的手工，下載免費檔案做紙偶：http://biblekidsfunzone.com及http://www.makingfriends.com/index.htm。

是日統籌：　　　　　　　　　　　　　　　　日期：

時間	活動及物資清單	人力資源
聚會前	**清理及佈置場地** ☐ 沙灘用迷你帳幕 ☐ 大量膠球（「波波池」用的那種） ☐ 帳棚的圖畫／圖片	
10 分鐘	**介紹古時帳棚的外觀和生活**	
10 分鐘	**講故事** ☐ 人物公仔6個（包括亞伯拉罕、撒拉、僕人、3個天使客人） ☐ 迷你塑膠動物玩具：牛、羊數隻 ☐ 長竹籤／絲花鐵線做帳幕支架 ☐ 薄布片／戟絨布做帳棚的布帳 ☐ 「煮飯仔」玩具	
5-10 分鐘	**排隊往洗手間／場地安排** ☐ 膠地墊 ☐ 紙箱（數個、尺寸一樣） ☐ 封箱膠貼紙 ☐ 膠枱布	
15 分鐘	**茶點** ☐ 食物 ☐ 飲料 ☐ 餐具	
15 分鐘	**遊戲** ☐ 「煮飯仔」玩具 ☐ 菜單	

一　介紹古時帳棚的外觀和生活

導師安排孩童輪流伸手入帳幕，找出貼有帳棚圖片（參附錄，頁132）的膠球。然後導師按照圖片，簡單講解古代以色列人住在帳棚時的生活是怎樣，可以從以下範圍簡略介紹：

1　在聖經裏提及的帳棚是甚麼：如亞伯拉罕那時就是住在很大很大的帳棚裏，因為他非常富有。但後來摩西帶領以色列人出埃及在曠野所住的帳棚就簡陋得多了。帳棚主要是由一些木竿或柱子和布或動物皮搭建而成，帳棚內的地上則會鋪上蓆或地毯。雖然亞伯拉罕那時的帳棚會有坐墊，但家具就頗為簡單。

2　帳棚有甚麼作用：如帳棚是古時以色列人棲身之處，是他們放牧期間休息、避風雨，甚至居住的地方。

3　古時的以色列人怎樣在帳棚內生活：如可能會用簾幕分開帳棚內的不同部分，做成房間，並會於帳幕內生火煮食。

關於古時的以色列人怎樣在帳棚內生活，導師亦可以參考：高爾文著，樂恩年譯：《聖地.com》（香港：大使命基督徒團契，2001）。

二　講故事

用廁紙筒公仔講故事

導師一邊按劇情移動人物公仔，一邊講故事，或可邀請幼兒協助移動公仔。

故事的內容：

有一天，天氣很熱，亞伯拉罕坐在帳棚門口乘涼，望見有三個人站在遠處。亞伯拉罕就立即跑去迎接他們。

亞伯拉罕迎面一看清這三個人，就知道他們是神派來的使者，立刻俯伏在地上，恭敬地說：「主啊！現在天氣這樣炎熱，請賞面到僕人的帳棚那裏休息一會兒，在樹下歇歇，讓我為你們打一點水，洗洗腳，我再拿點食物給主，吃過食物，恢復體力，才繼續你們的路途吧！」

使者回答說：「好吧，我們就留下來歇歇吧。」

亞伯拉罕立刻走進帳棚說：「撒拉，有貴賓來了，你立刻拿三細亞細麵粉調勻做烤餅。」

然後亞伯拉罕又跑到牛羣裏，牽了一隻又嫩又好的牛犢來，交給僕人，說：「阿四，有貴賓來了，你快快宰了這隻牛犢，煮給客人享用。」

跟著，亞伯拉罕把奶油、奶、餅和煮好的牛犢端在使者面前，自己就在樹下站在一旁，好讓使者盡情享用。

使者一邊吃一邊問亞伯拉罕說：「為甚麼不見你的妻子撒拉？她在哪裏？」

亞伯拉罕回答說：「她在帳棚裏。」

三個使者中有一個對亞伯拉罕說：「明年這個時候，我會再回來這裏探訪你。那時候，你的妻子撒拉會為你生一個兒子。」

撒拉在帳棚門口，聽到剛才使者的說話，心裏暗笑想：「他胡說甚麼？怎麼可能呢？我和亞伯拉罕都接近一百歲了，這麼老，怎會有可能生孩子？」

使者對亞伯拉罕說：「撒拉為甚麼暗笑說：『我這麼老，怎會有可能生孩子？』在耶和華的手裏，怎會有困難的事呢？你要記住，只要時間一到，事情就會成就。明年這個時候，我必定再次回來找你，那時候撒拉會為你生一個兒子。」

撒拉聽到使者剛才所說的一番說話，心裏就非常害怕，不肯承認她曾經想過的話，就說：「我剛才沒有笑啊！」

剛才那位使者立刻對撒拉說：「你說的不對，我知道你真的在暗笑！」後來，使者就起來要離開亞伯拉罕的帳棚。亞伯拉罕就起來，

好客殷勤地要送使者一程。

過了一年，當亞伯拉罕一百歲時，撒拉果真為他生了一個兒子。他們就為這個嬰孩起名叫以撒。

導師預備「煮飯仔」玩具，如果幼兒能夠合作和反應良好，可以邀請他們參與為故事人物送上飲食。

三　排隊往洗手間／場地安排

助教或家長義工帶幼兒排隊往洗手間，導師則安排茶點的場地，可鋪放地墊，和預先把紙箱放在一起，用膠紙把所有紙箱固定起來，做成一張大枱，並在上面鋪上膠枱布。

四　茶點

導師請幼兒脫去鞋子，圍著紙箱大枱坐在地墊上。將幼兒分成兩組，一組負責分派水杯及飲料，另一組負責分派碟及食物；兩組互相款待，模仿亞伯拉罕招待客人。

五　遊戲

用「煮飯仔」玩具款待客人，把孩童分成兩組，每組為另一組準備「食物」。導師可以預先寫下有數款菜式的餐單，建議幼兒幫忙製作，用以款待另一組的幼兒。

課後親子活動

幼稚園級的幼兒非常喜愛「煮飯仔」遊戲，父母可以與幼兒玩這遊戲，藉此跟幼兒互相款待，讓他們學習禮貌。如果環境和時間許可，父母可以與孩子一同製作小吃，讓到訪的親友一同品嘗。

導師留意

要引導幼兒在活動中實踐互相款待一點也不容易。不過，幼兒大都喜歡學習成年人，所以在實踐互相款待的活動中，導師要先作榜樣，款待幼兒，例如在「煮飯仔」遊戲中，先邀請幼兒作客。導師要充分地投入遊戲當中，讓幼兒也跟著投入。然後導師要引導幼兒，跟他們轉換遊戲角色，指導他們如何招待「客人」。

當然，如果同班的幼兒人數較多，如多過十個人，導師適宜多找一個助教或家長義工幫忙，以便控制幼兒的秩序。如果未能找到助教或義工幫忙，導師可以邀請班中比較成熟而且合作的幼兒做小幫手。小幫手不是做領導的工作，但確實可以在簡單的事情上幫忙，某程度減省了導師的工作，對課堂的管理有莫大的幫助。

教案構思及事奉分享

張燕琴

活動的構思

幼兒階段的孩童大多自我中心，他們最常接觸和相處的都只是成年人，要他們與朋輩建立友誼，需要花一點時間。但學習與朋輩相處著實對幼兒非常重要，我們作為幼兒的導師，絕對不能因為他們這個階段的特質，而放棄任何讓他們學習與人溝通的機會。

亞伯拉罕接待天使客人的聖經故事，給幼童看到一個「好人有好報」的故事，在幼兒單純的思維中，他們會很容易接受和理解這個故事。故事中的主角亞伯拉罕可以成為幼童學習的模範，他預備水給客人洗腳，為客人準備食物，讓客人感受到主人的熱情款待。幼童可能不甚理解洗腳是甚麼一回事，相反，分享食物就較簡單易懂，就像他們在學校或主日學和同學們分享食物那樣平常。因此，在預備這個主日學時，以分享食物、互相款待作為活動的重點，幼兒一方面可以享受食物，另一方面又可以與其他幼兒建立友誼。在生理和心理上，幼兒分享食物時，都會得到相當程度的滿足和快樂。

如何準備這課堂

教授亞伯拉罕接待客人的故事時，導師對經文的時代或人物背景要有充足的準備，簡單地介紹亞伯拉罕過著一些怎樣的游牧生活；帳棚大概是甚麼模樣；游牧的人會吃甚麼。這些資料雖然不是故事的重點，但對於住在城市的幼兒來説，這些背景介紹可以擴闊他們對世界事物的認知。在介紹這個跟幼兒生活完全迥異的世界時，圖像是非常重要的工具。導師在搜集有關的資料時，可以從基督教書店購買，或於公共圖書館借閱一些兒童的聖經百科全書。按照書中的資料或插圖，以及創世記的經文講解，導師可以加上互聯網上類似的圖片，讓幼兒得著視覺上的刺激，從而有所學習。

從學生身上學到的功課

亞伯拉罕待客的故事給我看到神對人類的祝福不能按常規理解。科學認知和思維叫我們直覺地認為老年得子是不可能的，但在教學的過程中，幼兒卻因著他們的「無知」，很容易就接受神讓亞伯拉罕及撒拉老來生子的事實。孩童純真的心讓他們能夠直截了當地接受神的話語。「耶和華豈有難成的事嗎？」真的，沒有難成的事，這種相信在孩童的身上足以反映，這也是當導師在教學上遇上困難時，必須常存心中的信念。除此之外，導師和家長也該從孩童身上學習，學習他們真摯單純的心，對神的話語沒有懷疑，只是快快樂樂地接受。

主日學導師的事奉職份

從亞伯拉罕待客的故事中，我進一步看見神喜悅我們將祂視為「貴客上賓」。我不由得問自己有沒有像亞伯拉罕一樣，把祂視為那位時刻配受尊敬的神呢？亞伯拉罕親自選了上好的牛犢來事奉招待他的主，為他們「加添心力」，似乎是為他們跟著要做的工作作準備。雖然大能的神並不在乎、也不需要人為祂準備食物，但神確實喜悅亞伯拉罕為祂所作的，神再一次向亞伯拉罕重申祂對亞伯拉罕的應許和祝福。這個祝福足以叫亞伯拉罕和撒拉驚訝。如果主日學導師好像亞伯拉罕般，把主日學的教導視為神的「到訪」，全心全意、懷著殷勤的心、克盡己力去作事奉的工，我們也能像亞伯拉罕般得到大大的祝福。

跟其他事奉的職份一樣，作幼兒主日學導師必須要喜歡自己的事奉。在教導主日學的日子裏，我最大的感動就是與幼兒建立了情感，他們純真可愛，從他們身上看見神的大能和愛。看見幼兒成長，心裏特別感恩。雖然自己作教導的事奉，但真正的導師其實是天上的神，地上的導師只是祂使用的工具，讓幼兒藉此學習與天上的神接觸，得到神的寵愛和教養。

在事奉的過程中，透過準備課堂，神經常讓我有嶄新的角度去理解祂的話語，這些新角度是要自己首先代入幼兒的位置，從他們的思維去理解神要他們學習認識的課題。在幼兒成長的階段，我深信神不是要求孩童去學懂艱澀的道理，祂要的是「讓小孩子到我這裏來，不要禁止他們，因為在神國的正是這樣的人。我實在告訴你們，凡要承受神國的，若不像小孩子，斷不能進去」（路十八16～17），神最想要是：導師能以神給予的大愛來接納不同的孩子，因為神子耶穌曾說：「凡為我名接待一個像這小孩子的，就是接待我。」（可九37）我們作導師的不但要有接納和包容的心，也要好像孩童般，以單純的心接受神的話，經常主動地、歡歡喜喜地擁著神。

作者簡介

張燕琴，育有一女，從女兒就讀幼稚園至今，在幼稚園級主日學事奉約有六年。在幼兒主日學中，最喜歡聽幼兒分享日常的大小事情，跟他們說說笑笑。在主日學的事奉中，神賜給我一羣志同道合的團隊隊員。

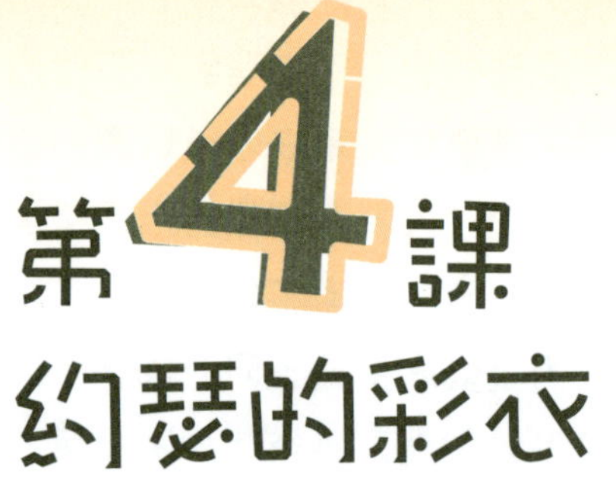

第4課 約瑟的彩衣

主題內容：彩衣本來是一種祝福和榮耀，但反倒成為約瑟遇害的誘因。被賣和下獄本令人充滿仇恨，但約瑟倒藉著神的祝福和同在，將災禍與恨轉化成拯救和祝福。

經文出處：創世記三十七章，三十九至四十五章

教學目標：透過課堂內容，使幼兒

1 學習到與兄弟姊妹及其他幼兒和睦相處之道，就是做某件事前，學習顧及別人的感受；
2 學習到寬恕別人之道，就是即使別人對他的態度不好，亦學習原諒別人；
3 明白天父會於他們有困難及不快樂時幫助他們，從約瑟的經驗學習以禱告信靠天父 。

課前預備：導師於一星期前通知幼兒和家長，請幼兒下週穿著最漂亮的服飾回主日學上課。

是日統籌：　　　　　　　　　　　　　　　　　　日期：

時間	活動及物資清單	人力資源
聚會前	**清理及佈置場地**	
15 分鐘	**最漂亮服裝選舉** ☐ 計分牌（牌上有透明袋放分數卡） ☐ 1至5分分數卡	
25 分鐘	**講故事及即場角色扮演** ☐ 花布／彩紙造的彩衣（需可穿上並撕爛的） ☐ 紅色液體（需可洗脱顏色的） ☐ 乳牛圖案布（扮牛用） ☐ 飛鳥圖案帽 ☐ 紙造穗子 ☐ 筐子	
20 分鐘	**手工活動：約瑟新彩衣——愛的彩衣** ☐ 衣服形畫紙／原張畫紙　☐ 膠水 ☐ 顏色筆　☐ 雜誌紙 ☐ 貼紙　☐ 各色布料	
	遊戲：點算好，獎定罰？？ ☐ 整套遊戲用具	

一　最漂亮服裝選舉

導師給每個幼兒一個計分牌及一套計分卡，教導幼兒如何使用。告訴幼兒這次分別由導師、助教及幼兒選出本週最漂亮服裝獎（男女各一名）。

每個幼兒可繞行班房一周及用各種方式展示其服飾（包括説話及身體語言）。幼兒以計分牌打分數，導師及助教加上自己的分數，計算結果。留意：計分時，導師及助教的分數可佔50%；幼兒的佔50%。

導師公佈選舉結果，由此引入誰最漂亮的爭論，帶出「美麗的彩衣」有時會令人嫉忌和帶來不愉快後果。導師可問幼兒選擇是否公平，會否覺得自己的服裝比勝出者漂亮，以及勝出者是否覺得自己很漂亮，從而引起討論。幼兒之間少許的競爭，有助引入「約瑟的彩衣」這主題。

二　講故事及即場角色扮演

導師可按情況分派助教及幼兒飾演故事中的角色，可包括約瑟、雅各、眾兄弟、飛鳥及牛等。導師引導幼兒一起演出。

故事情節：

第一幕：兄弟的出賣

旁　白：雅各有十二個兒子，他們一家居住在迦南地。雅各特別愛他的一個兒子——約瑟，因為約瑟是他年老生的。約瑟常和他的哥哥一起牧羊，他會把哥哥的惡行告訴父親。有一天……

雅　各：約瑟你過來，爸爸有一件彩衣要給你，你看看。

約　瑟：爸爸，多謝你！

哥哥們：（站一旁，看見約瑟接過彩衣）爸爸真是偏心了，我不喜歡約瑟呀！

旁　白：有一天，約瑟將自己的夢告訴哥哥……

約　瑟：哥哥，我昨晚夢見我的麥捆站起來，而你們的麥捆全部都向我的下拜！

旁　白：約瑟的哥哥們聽到後就恨他。又有一天，約瑟將自己的另一個夢告訴哥哥和父親……

約　瑟：爸爸、哥哥，我昨晚夢見太陽、月亮和十一顆星星向我下拜呀！

旁　白：今次，連雅各聽後都責備約瑟，哥哥們更是愈發恨他，而約瑟就愈來愈危險。終於，事情發生了！這一天，約瑟十個哥哥到示劍放羊。雅各派約瑟去看哥哥是否平安。當哥哥們離遠看見約瑟時，就計劃要害他，把他殺死。

哥哥們：來，我們殺了約瑟，將他丟在枯井中，看他還發甚麼夢。回家後，就告訴爸爸他給野獸吃了。

旁　白：大哥流便要救約瑟，就勸眾兄弟。

流　便：不要殺死約瑟和使他流血，將他丟在這曠野的枯井中就算吧。

旁　白：於是，約瑟的哥哥們脫去約瑟的彩衣並將他丟在枯井中。但在午飯時，流便離開一會兒，約瑟的哥哥們又商議要殺約瑟。今次，猶大救了約瑟。

猶　大：各位兄弟，約瑟到底都是我們的兄弟，不可殺死他。不如將他賣給路過的以實瑪利商人吧。

旁　白：於是約瑟的哥哥們將約瑟賣給以實瑪利的商人。他們把他帶到埃及去。約瑟的哥哥們將染了山羊血的彩衣帶回去給雅各，告訴他約瑟給野獸吃了。雅各聽到後十分傷心，為約瑟哀哭。

第二幕：約瑟下牢，為法老解夢

旁　白：可憐的約瑟，被賣到埃及，又被轉賣到法老王的大臣軍長波提乏手下。由於神的同在，約瑟在波提乏手下事事順利，得到波提乏的歡心，將所有事都交給約瑟管理。神亦因約瑟的緣故，賜福給波提乏一家。

但好景不常，約瑟因拒絕波提乏妻子的引誘，遭到她陷害被關在監裏。但神在獄中與約瑟同在，使他得到監獄長歡心，管理所有事情。然而，神有更奇妙的安排。

有一晚，得罪了法老王而被關在獄中的酒政和膳長同時作了兩個不同的夢，但無人能解。約瑟知道這事後，就問他們夢的內容及為他們解夢。

酒　政：我夢見有一棵葡萄樹，上面有三根枝子。一發芽就開花結出成熟的葡萄。我就摘下葡萄，在法老王的杯中擠了葡萄汁。這個夢究竟是甚麼意思？約瑟，請你解給我聽。

約　瑟：三根枝子就是三天。這個夢是預告三天內，法老王會恢復你原來的職務。但你恢復原職後，請記念我；在法老面前提拔我，救我脫離這地方。

旁　白：膳長見約瑟為酒政把夢解得如此清楚，就求約瑟也為他解夢。

膳　長：我的夢是這樣的。我夢見我頭上有三籃白餅，最上面一籃有為法老王烤的各種食物，但飛鳥來吃我頭上籃子的食物。

約　瑟：對不起，這不是一個好夢。三個籃子是三天。三天內，法老必砍掉你的頭，掛在木頭上。飛鳥會來吃你的肉。

旁　白：結果，約瑟所講的，全部都應驗了。但酒政在官復原職後卻忘了約瑟。兩年後，法老作了兩個奇怪的夢。他召了所有術士和智慧人為他解夢，但無人能為他解到這兩個夢。這時，酒政才想起為他解夢的約瑟。於是，酒政就引介約瑟給法老王，為他解夢。

法　老：約瑟，我作了兩個怪夢，無人能解。請你為我解一下。

第一個夢，我夢見自己在河邊。河裏正有七頭肥壯母牛上來，在蘆葦中吃草。跟著，再有七頭醜陋瘦弱的母牛上來把前面那七頭肥壯母牛吃掉。然後，我就醒來。

第二個夢，我夢到一棵麥子，生出七個飽滿麥穗。跟著，又再生出七個枯槁的麥穗。那七個細弱的麥穗竟把那七個佳美麥穗吞下。然後，我就醒來。你知道這兩個夢的意思嗎？

約　瑟：解夢不在於我。我的神會將要做的事告訴法老。

這兩個夢都有同一個意思。首先，首七頭肥壯母牛和七個飽滿麥穗是七個豐年，代表埃及全地先有七年大豐收。後來的七頭醜陋瘦弱的母牛和七個枯槁的麥穗是七個荒年，代表埃及全地之後七年有大饑荒。王上你兩次作夢是因神已決定事情要這樣。請即安排有知識和智慧的人管理埃及，在豐年時積蓄餘糧應付荒年的需要。

旁　白：由於法老相信約瑟有神的靈在裏面，加上臣僕的贊同，法老委派約瑟治理埃及全地，成為全國最高官員，統管全國事務和有關豐年及荒年糧食安排事宜。

第三幕：約瑟原諒哥哥

旁　白：如約瑟所預言，七個豐年和七個荒年一一出現。在後七年荒年，全地都有大饑荒。由於只有埃及有大量儲糧，各地的人都湧到埃及向約瑟買糧食。雅各亦差派約瑟十個哥哥到埃及買糧食。在埃及，約瑟眾兄長遇上他，但認不到他；約瑟卻認得他的眾兄長。起初，約瑟用各種方法使兄長們帶幼弟便雅憫到埃及，約瑟設計要留便雅憫為贖罪的奴僕，以試探兄長們對幼弟的情誼。由於知道兄長們後悔出賣了自己，並對幼弟便雅憫多番維護，約瑟終於原諒哥哥，和兄長們相認。最後，約瑟叫哥哥們接雅各來，全家一起在埃及居住。

三　手工活動：約瑟新彩衣——愛的彩衣

導師派發衣服形畫紙或原張畫紙，讓幼兒自行剪出衣服形狀。然後引導幼兒在衣服形狀的畫紙上創作，拼貼或填色，製作一件新彩衣。導師鼓勵幼兒把製成品送贈給曾開罪或令他們不開心的人，包括父母、兄弟姊妹、同學和朋友，讓幼兒學會以寬恕原諒代替控訴、報復。

四　遊戲：點算好，獎定罰？？

導師可按情況及需要，選擇做手工或玩這遊戲。導師可自行影印或放大遊戲板，以及選用紅綠卡設計（見附錄，頁151，133~136）。

1　遊戲目的

藉此遊戲可以使幼兒明白要與人和睦相處，寬恕別人比報復更好；這會更容易達到期望的目的和在生活中得到快樂。

2　遊戲用具

[1]　棋子兩隻

[2]　骰子或紙皮製大骰子

[3]　遊戲板

導師預先在板上一些格子裏貼上紅色及綠色圓形貼紙，貼哪格及貼多少格由導師決定。另外，導師亦可在板上隨意加向上（向前）或向下（向後）的箭咀，加強遊戲的多變性。

[4]　紅卡（報復卡）

導師預先製作，在背面寫上各類處罰事項及罰則，寫明退後多少步或到哪個較小編號的格子。遊戲前，先洗牌。

〔5〕 綠卡（寬恕卡）

導師預先製作，在背面寫上各類獎賞事項及賞則，寫明向前多少步或到哪個較大編號的格子。遊戲前，先洗牌。

3 **紅綠卡設計**

〔1〕 設計紙卡賞罰則時，宜重賞輕罰。重賞可令幼兒從遊戲中學習到獎勵和寬恕比懲罰和報復好。

〔2〕 紙卡的內容可和課程內容或日常生活有關，例如：

紅卡：向媽媽發脾氣，罰退後五步。

綠卡：約瑟得波提乏重用，前進到26。

〔3〕 導師需為每種卡設計十至十五款內容，內容建議參附錄，頁133至136。

4 **遊戲方法**

〔1〕 將幼兒分成兩組，每組選一隻棋子。然後兩組組員交替擲骰子決定可在遊戲板上行走的格數。

〔2〕 到達每個格時，如有特別指示，必須跟隨：

- 格內如有紅綠圓形貼紙，幼兒要決定選紅卡（罰對方）或綠卡（賞自己組）；
- 如遇上箭咀，幼兒必須跟從箭咀方向走。

〔3〕 1 為起點，50為終點。當走近終點50，幼兒所擲點數必須準確可走到50一格上的。如骰子點數指示的步數超過走到50那格的步數 ，則必須按多出的步數倒後走。最先準確到達50那格上的一組勝。

課後親子活動

為幫助幼兒在課堂外實踐與人和睦相處，寬恕別人，及藉禱告信靠天父，把困難交託天父此三方面教導，導師可提供一張「每週品格表」（見附錄，頁137）給家長。 由家長鼓勵幼兒於一週內達到此三個目標，並給每個項目評分。導師於下週獎勵表現優良的幼兒。

導師可持續每週使用品格表，每週給獎勵予表現優良之學生。這有助幼兒持續學習及改善。

導師留意

由於約瑟的故事比較長，導師在講述時，對於故事枝節選取上宜簡化。具體情節如波提乏妻子的事件可省去，到埃及購糧及兄弟相認的詳情可簡化。

另外，對幼兒來說，和睦相處及原諒寬恕仍是比較抽象的概念。導師如改用較口語化的「和他一齊玩」，「唔嬲佢」或「唔憎佢」等會比較易明白。

教案構思及事奉分享

鄧標祺

《約瑟的神奇彩衣》（*Joseph and the Amazing Technicolor Dreamcoat*）是早年在港、台鬧得熱哄哄的一套百老匯音樂劇，對象以青少年人為主。劇中內容基本上是按照舊約聖經人物約瑟的故事為藍本。一件彩衣把約瑟的一生際遇扭轉，人生大起大跌。父親的偏愛和年少無知帶來兄弟的嫉妒和出賣，主人的賞識和主母的陷害使他下獄。再來一段解夢經歷，見證膳長、酒政夢幻人生起跌，法老對解夢的約瑟的信任，兄弟的相認、寬恕，最後與老父在埃及大團員結局。這一連串的情節都在在反映了約瑟的彩色人生，就如彩衣一般的鮮艷及燦爛。

有趣的是這彩衣的故事不單是數千年前的故事，在今天仍向不同階層、年紀和教育背景的人説話。它不單對青少年人説話，更向為人父母者説話。如何不偏愛？如何使家中孩子彼此關係融洽？不然，有一天他們總會手足相殘或形同陌路！這故事也向幼兒導師展現今天孩子必須學習的一門重要功課——人必須堅持信念到底，並看清在困難中神的看顧和同在。這可是終生學習的功課。故事也直接向幼兒説話，指引他們由自我中心轉向往外在世界開始探索，學習與周邊的人建立和諧關係，建立對神的信靠。就是這種多向性的豐富意義和信仰內涵，使我選擇這彩衣故事作教案。

由於這是一個我未教過的教案，所以較難分享具體課堂運作會遇上甚麼問題。但在預備教案的過程中，我在每一個環節所使用之活動或技巧都是曾用於其他課題及課堂上的，應有不錯的效果。但預備此課題時的最大問題是約瑟生平事迹太精彩，點子太多，使我不易取捨。故導師在準備課堂上各環節時，必須有技巧地選取材料，特別是「講故事及即場角色扮演」環節切忌過長。至於教具的使用，我已在教案中開列部分參考教具。各導師可自行增刪，無一定限制。

作為幼兒導師團隊的一員，我堅信兩個信念。首先，在我們的服事裏，不單是「人」或「我們」去教導幼兒，而是神透過我們這中介媒體向幼兒展現祂自己。這是神人同工的事工。我們是媒體、是管子；只要裝備好自己成為流通管子，為神所用就可以了。我常常聽到有肢體説他們技巧不好，不曉得如何管理好課室秩序及教導幼兒。但我相信問題不是在技巧或方法上，亦不應及不能比較。神給各人有不同恩賜，重點是願意擺上事奉。當我們愈多參與教導的事工，多了學習機會，技巧會愈來愈好，神亦會有愈多恩典。最重要的是最初時的堅持和不放棄。在很多聖經及歷史場景中，神往往不是用人眼看為最好、最合適或最有技巧的人去成就事工。神用的是能夠按照祂旨意並願意服事、教導祂羊圈中小羊的人。

另一方面，從過去數年的事奉中，我學到另一項功課是「雙向性的學習和教導」——導師和幼兒的共同教與學。作為導師，除了傳遞聖經真理給幼兒外，我們同時向幼兒學習如何做人。每當我看到幼兒那種直率、天真、純潔、無偽的情感表達，我就多明白一點神做人的本質是怎樣。就是這種質樸及真摯的幼兒特質，使我對人重新有盼望。我想或許是我這心裏蒙了油的導師，在今日這發達社會的營役生活中忘卻了神給人的本性。幼兒可以是我們的心靈和信仰治療師——感謝您們的信任及教導。正如主耶穌説：「讓小孩到我這裏來，不要禁止他們。」（可十14）在天國裏的人，正是要如他們的樣式。或許，在今天世俗化及競爭型的社會中，我們應盡全力為他們保存的，正是那一份純真——是對神對人的真。

最後，還想談一下弟兄在幼兒主日學的角色。在我記憶中，我舊教會的幼兒主日學裏是沒有男性導師的。即使是小學級主日學，亦只有一個男導師，可説幾乎全是女性天下。當然，在傳統中國文化的「女主內」觀念影響下，女性肩負家庭中教育幼兒的責任似乎是必然的。男性即使「齊家」，大多也只是處理好家中「硬件」及經濟事務安排。這種傳統的分工亦「正常化」地滲入了教會圈子中。再加上當代教會的陰盛陽衰現象，姊妹們在教會幼兒教導崗位的承擔變成了是「責無旁貸」的事；雖不至於要死而後已，但總得要鞠躬盡粹。就是在這種現實之下，弟兄對加入兒童事工裹足不前。做一、兩次協助的義工，弟兄會覺得無問題，但如要赤膊上陣做導師教它三、兩個月，弟兄還是敬謝回絕：「教小孩的事，還是姊妹棒一點！我不是最適合人選。」另一方面，姊妹對弟兄的加入有時最初亦會覺得有點怪怪及抱觀望態度，需要經歷一段時間適應，才可暢順合作。

教會是家及社會的延伸和縮影，其實每一個社羣都需要男性及女性的共同參與，展現各自獨特的一面。我們的孩子不能只有姐姐、姨姨或媽媽的溫柔呵護、照顧及教導，他們亦需要學習哥哥、叔叔或爸爸的勇敢、決斷、敏捷及剛強。除了生理上的差別，我總相信男女在性向（character）上是雌雄同體的，即沒有全然陽剛的男性，亦沒有全然陰柔的女性。弟兄們，我們要表現得男性化，這往往是傳統文化及社會化（socialization）影響下的結果；對姊妹的影響亦然。

今天，神正是呼喚男性弟兄中的「女性」，去回應及服事家庭、教會和社會。問題不再是崗位的類別及工作的性質，而是我們弟兄有沒有勇氣和信心去放下身段，展現自己「女性」的一面，表達我們的鐵漢柔情。若您問我如何可找到合適的機會，我會説兒童事工是一個非常好的場景。能放下，就自在；神就會透過孩子的赤誠和真摯喚醒我們沉睡了的赤子之心——是神創造我們時已放置在我們中間的一份寶貴禮物。

耶穌說：讓小孩到我這裏來，不要禁示他們；因為在神國的，正是這樣的人……（可十14～15）

我們已上路，您來嗎？

作者簡介

標叔叔，前任教師，現任職於商界。百厭星一名。好與小童三、五成羣，玩玩追、趕、跑、跳、碰。

第5課 聽話小乖乖——撒母耳

主題內容： 撒母耳聽到神的聲音，我們要學習撒母耳順從神的帶領。

經文出處： 撒母耳記上一至三章

教學目標： 透過今次的活動，幼兒能

1. 知道當我們向天父誠心禱告時，天父必能聽見，也會回應我們的禱告；
2. 明白到所有人都應當聽從天父的話；
3. 明白到在日常生活中要聽從父母和老師的話。

場地安排： 導師預先到課室編排椅子位置，將椅子分成兩三行，每張椅子上都貼上一張號碼紙，如第一行第一張椅子就是A1，第二張椅子是A2，餘此類推，概念就好像戲院椅子編排一樣。

是日統籌：　　　　　　　　　　　　日期：

時間	活動及物資清單	人力資源
聚會前	**清理及佈置場地** ☐ 椅子安排 ☐ 號碼紙	
8 分鐘	**歡迎** ☐ 號碼紙	
10 分鐘	**引起動機** **遊戲：聽天父的話**	
15 分鐘	**故事分享** ☐ 法蘭絨／布偶公仔 ☐ 聖殿外貌圖 ☐ 掃帚 ☐ 抹布	
15 分鐘	**排隊往洗手間、茶點** ☐ 食物 ☐ 飲料 ☐ 餐具	
15 分鐘	**手工／遊戲** **手工：小小聽話器** ☐ 紙杯／汽球每人2個 ☐ 幼棉繩 ☐ 顏色筆 ☐ 顏色紙 ☐ 裝飾物料 ☐ 剪刀 ☐ 膠水	
5 分鐘	**總結**	

一　歡迎

導師在幼兒進入課室前，向每個幼兒分派一張號碼紙，如戲票般有A3、B2或C1等編號的。導師請幼兒按手上的號碼紙找座位，然後乖乖地坐好，等待導師上課。

導師讚賞幼兒聽導師的説話，每個都做得好好。然後開始進行課前歡迎熱身活動。

導師與幼兒以擊掌"Give me five"打招呼，期間導師緊記要説出幼兒的名字，讓他們感到自己是獨特的個體，也讓幼兒知道其他幼兒的名字。

若導師不想用擊掌這方式的話，可以以雙臂逐個擁抱幼兒，讓幼兒感受到導師愛他，好歡迎他來到主日學中。

導師先跟幼兒分享過去一星期一些開心的經歷，然後請幼兒逐一簡單地分享一件開心的事，令大家打開隔膜，彼此關心。之後，導師作簡單禱告。

二　引起動機

遊戲：聽天父的話

類似「老師説」的遊戲，導師説出要求，若説出要求之先提到「天父話」，幼兒就須遵從；若沒有，則不應遵從。例如導師説：「天父話有手的站起來」，所有有手的幼兒便要站起來。導師説：「天父話請小朋友手拖手」，於是所有幼兒要立即手拖手，餘此類推。導師也可以請幼兒輪流出來主持遊戲，説出要求。

藉此遊戲可讓幼兒明白到，任何人都應該和有能力聽從天父的説話。

三　故事分享

導師講述撒母耳的故事，可利用法蘭絨或布偶公仔等幫助吸引幼兒的注意，也可預備有關教具在過程中展示，以及在期間與幼兒進行問答，或讓幼兒幫忙參與故事演繹，以增加他們的投入感。

小朋友在學校或家裏有沒有聽老師和爸爸媽媽的話呢？

小朋友一定會說「有」，或不停告訴導師他如何聽話，可給他們一些時間分享。當他們不停地說話時，便利用當時情況讓他們學習聽導師的話。

現在導師想小朋友聽話安靜。

導師想告訴你們，在很久以前，有一個小朋友，他的名字叫撒母耳，他住在祭師以利的家裏，幫助他打掃神的聖殿。大家知道聖殿是甚麼嗎？

導師可展示聖殿外貌圖。

聖殿是用來敬拜天父的地方，很乾淨，很安靜的，裏面住了祭司一家。祭司是甚麼？祭司就好像我們教會的牧師，打理聖殿和負責教導及牧養以色列民。

好，我們要開始進入故事的戲肉了！主角出場啦！今天的主角，就是這個小朋友，他的名字叫撒母耳。

撒母耳是一個很聽話的小朋友，十分聽從祭師以利的話。

導師可從撒母耳幫以利做事的態度，讓幼兒知道撒母耳有多服從以利。導師可以扮作祭司以利，請一個幼兒扮小小撒母耳，請撒母耳掃地和清潔枱面等，讓他們知道撒母耳是一定會服從去做。如用法蘭絨或布偶公仔，可讓他們幫忙貼上人物或幫忙手持布偶。

謝謝這個小小撒母耳。

請幼兒返回座位。

故事要繼續了！有一晚，撒母耳剛剛睡著⋯⋯

導師可以請所有幼兒把頭伏在地上或枱上扮睡覺。

他聽見有一個很輕的微聲音在叫他。

我們也可讓小朋友嘗試用輕聲音互相叫喚。

他便起來到祭師以利的房間詢問，但以利說並沒有叫他。如是者事情一次、兩次、三次同樣地發生。

這時可向小朋友發問：到底是誰在叫喚？是賊？是看更叔叔？他的母親哈拿？還是誰？從而帶出故事之結尾。

這時候，祭師以利心中便知道這是天父的聲音，是神在叫喚撒母耳。於是以利便告訴撒母耳，下次再聽到這聲音時，要細心聽，並順從神的話，而小小撒母耳也乖乖地照著去做。

到這時候，導師可告訴幼兒，不論幼兒還是大人，我們也一樣要細心聽從神的話，然後導師帶領他們一起作結束祈禱。

四　排隊往洗手間、茶點

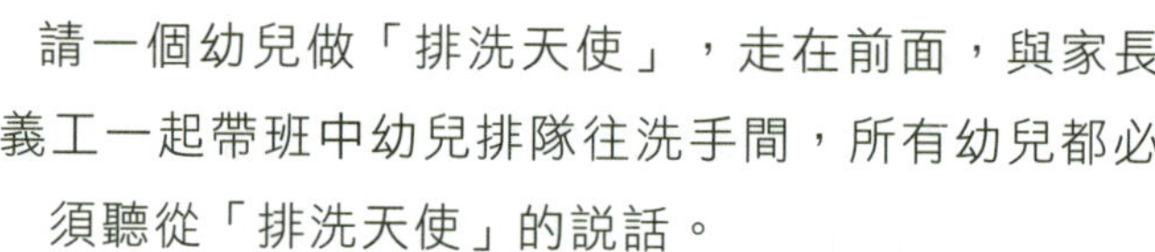

請一個幼兒做「排洗天使」，走在前面，與家長義工一起帶班中幼兒排隊往洗手間，所有幼兒都必須聽從「排洗天使」的説話。

導師請三個幼兒做「茶點天使」，一個負責派杯，一個負責派碟，一個負責為茶點謝禱。導師負責派茶點。每個幼兒都需要為各天使的服務向他們説聲「多謝」。

五　手工／遊戲

導師可按情況及需要，選擇做手工或玩遊戲。請助教及家長義工協助派發所需材料或維持秩序。

手工：小小聽話器

做法：先在紙杯底刺一個小孔，然後將棉繩的一端穿過小孔，在杯內打個結，之後將棉繩另一端穿過另一隻紙杯的杯底小孔，打結。導師亦可讓幼兒先在紙筒上塗上顏色，或拼貼不同色彩圖形或物料作裝飾。

如果不用紙杯，導師可以用吹了氣的汽球來代替，效果一樣。做法是把兩個吹了氣的氣球，用棉繩兩端連結起來；然後將口貼著氣球表面說話，而另一位幼兒則把耳朵貼在氣球表面聆聽。

玩法：請兩個幼兒各手執一個紙杯，直至棉繩被拉直。請一個幼兒將杯口對著自己的口，然後說話；另一個幼兒則將紙杯放在耳朵側去聆聽，感覺好像大家在傾電話般。

遊戲：鱷魚媽媽

根據我的教學經驗所知，幼兒很喜歡玩這個遊戲，他們會很興奮的！

玩法：像過河遊戲，幼兒先站在一邊，而導師是鱷魚媽媽，站在中央。幼兒需先向鱷魚媽媽詢問是否可以過河，如說：「鱷魚媽媽，鱷魚媽媽，我們可不可以過河？」鱷魚媽媽便回答，如說：「如你們是穿紅衣的便可過河。」餘下不是穿紅衣的幼兒便要跑過去對岸，而鱷魚媽媽會在河中把他們捉住。

六　總結

多玩一次引起動機的「聽天父的話」遊戲，但這次改為「媽媽話」及「老師話」，提醒幼兒將這天所學的應用到日常生活中，像他們在家要聽從父母，在學校要聽從老師的說話。

課後親子活動

請父母在家裏多讓幼兒幫忙做家裏的事，讓他們明白到聽從父母的意義。也可於放學後的談話中試問幼兒，在學校裏老師有沒有叫他幫忙做事，而他是否有聽從。

教案構思及事奉分享

唐麗貞

活動的構思

我選取撒母耳幼年的事作此課堂，是希望讓幼兒知道當我們向天父誠心禱告時，祂必能聽見，也會賜福給我們；也讓幼兒知道必須聽從天父的話而行。當我閱讀本課的經文（撒上一～三章）時，我想到有時我們是否像撒母耳一樣單純地聽從主的話而行，但我反覺得有時自己對身邊的事和人、錯與對的態度和做法，更像以利一樣。希望大家也能細味這課箇中的意義。

如何準備這課堂

我知道大部分導師和我一樣都是在職人士，因為時間有限，所以有時備課會比較倉促。但我相信如我們用心要做的話，在一小時內肯定可預備好。而每當我備課時，首先我會將自己的心態調校為幼兒一般，從他們的思想構思如何編出令他們容易明白又有趣的課程。

有時就算編好課程，在課堂上卻感到無用武之地。因為幼兒很多時有不同的情緒，或會變卦。一個幼兒的問題，可使整個課堂的情況改變；而幼兒的專注力，通常維持十至十五分鐘。多變的多是幼稚園低班和中班的幼兒，當出現狀況時，如有助教在旁，可請助教幫忙安撫幼兒，或把幼兒帶離課室，以便其餘幼兒可以再次專注在導師身上。在課堂上，我通常先讓自己好像幼兒一般，感覺他們所感覺的，以此作為教學的方向。因很多時我們會有錯覺，以為他們明白很多聖經上的簡單道理，但其實他們只不過是三至五歲的幼童。我個人認為，有時並不一定要依足課程教導，在發生特別事件時，可與幼兒作其他活動或以其他有關主題之故事吸引他們。

預備這課時，我考慮到要讓幼兒明白天父是怎樣和我們説話，這是比較困難的。因他們年紀比較小，如果有一個很輕微的聲音在叫喚他們，他們可能會害怕或不安，所以我便先以遊戲形式和他們輕聲傳話，讓他們習慣接受，再告訴他們天父會用甚麼方式和我們説話。例如天父主要透過聖經跟我們説話，也可以在我們睡夢時和我們説話 。

在這課堂中，我想到我是否也真的可以跟從天父所有的話而行，抑或我只選取自己喜愛的而為。我覺得在聽從神的話這方面，我必須跟撒母耳多多學習。

主日學導師的事奉職份

在這十一年裏與不同的弟兄姊妹合作事奉，從他們身上我學會很多東西，如學會怎樣與幼兒溝通，接受不同的教學方法，體諒別人等。神是奇妙的，祂讓我在主日學的課程中，對聖經的認識加深了，也讓我在幼兒身上學會很多成年人所欠缺的態度，和幼兒做事時的全程投入。

在這十一年裏，我曾想過不再做導師，但每當我想離去時，神便派祂的天使在我身邊出現。這些天使就是我所有的幼兒學生。每次當我遠遠地看到他們，或在任何地方遇見他們，他們都會以響亮的聲音大叫一聲「Daisy姨姨」，或跑過來把我抱著，這一切都讓我知道神要這羣小羊看守著我，也讓我能在他們裏更親近神。

弟兄姊妹，希望我這小小的分享能給大家些微幫助，願神賜智慧與眾弟兄姊妹。

作者簡介

我的名字叫唐麗貞，只是一個中學畢業的媽媽，從沒有學習過怎樣教導幼兒。我在幼兒主日學已任教十一年，小朋友都叫我Daisy姨姨。我現在從事兒童畫室的工作。

第6課
天父的油・我們的樽

主題內容： 天父看顧窮婦人的家庭，賜油給他們，解決他們面對的困難。

經文出處： 列王紀下四章1至7節

教學目標： 幼兒透過這次活動，能夠

1 明白到我們要對天父順服和有信心，祂的豐富供應夠我們用；

2 明白在遇到困難時，可以向天父祈求。

是日統籌：　　　　　　　　　　　　日期：

時間	活動及物資清單	人力資源
聚會前	**清理及佈置場地**	
7 分鐘	**熱身活動**	
5 分鐘	**短詩：《耶穌喜愛小孩》** ☐ 歌詞 ☐ CD ☐ CD機	
10 分鐘	**德育故事** ☐ 故事書	
15 分鐘	**聖經故事　天父的油‧我們的樽** ☐ 食油　☐ 打火機 ☐ 淺碟　☐ 故事圖畫 ☐ 濕紙巾　☐ 不同大小的器皿 ☐ 棉繩	
8 分鐘	**唱詩：《我的燈需要油》** ☐ 歌詞 ☐ CD ☐ CD 機	
20 分鐘	**手工：玻璃瓶——七彩小油瓶** ☐ 玻璃瓶　☐ 膠水 ☐ 裝飾物料　☐ 剪刀	
5 分鐘	**總結** ☐ 歌詞 ☐ CD ☐ CD機	

一　熱身活動

先由導師簡單分享過去一星期發生的事，引導幼兒分享近況，特別是關於面對困難的分享，以便帶出今次的主題。

二　短詩：《耶穌喜愛小孩》

主耶穌喜愛小孩，天天都看顧小孩，就好像過去一星期祂不斷的看顧幼兒。

這首詩歌幼兒都熟悉，尤其喜歡做「我、你、他」的動作。選用熟悉的詩歌做熱身，效果良好。

導師可以這樣帶出主題：「詩歌裏提到耶穌喜愛甚麼人？沒錯，是小孩，所以當小孩遇到困難時，耶穌會幫助他，好像這次我將會講的聖經故事中，有兩個小孩的家庭遇到困難。」

三　德育故事

導師選讀一個關於勇氣的故事，教導幼童在遇到困難時不要逃避。

在講故事的過程中，可不時停下來向幼兒發問：究竟故事中的主角下一步會怎樣做？讓幼兒投入故事，並嘗試設身處地去思考故事的隱藏信息。

選擇有清楚圖畫的故事書，內容可以簡潔地帶出信息的，導師講述時打開圖書，並以問答方式引起幼童的興趣。

《有勇氣的故事》（香港：新雅文化）講述一隻膽小的幼獅，由最初遇到很多事情都感害怕，到漸漸得到朋友的鼓勵後，克服困難。故事教導小朋友要有勇氣面對逆境，尋求協助。

四　聖經故事

天父的油・我們的樽

1　導師藉以下題目及活動引起幼兒興趣，再帶入故事內容。

請幼兒分享甚麼是油。導師將少許食用油倒在淺碟上，讓幼兒用指尖蘸油，感覺一下油的質感。

問幼兒油有甚麼用途。對古時的人，油又有甚麼用途？可用來點燈、煮食，所以很有價值，可以賣油以獲得金錢。

在安全的情況下，導師可嘗試向幼兒示範如何點油燈。先在淺碟上倒油，再放上棉繩做引，然後點火，油燈可一直點到下課為止。這除了可加強課室裏的氣氛外，也能提升學習動機！

2　導師可在講述故事時以相關圖畫吸引幼兒，由導師分享故事內容。經文出自列王紀下四章1至7節。

這個故事發生在很久之前，有兩個在貧窮家庭長大的兄弟，他們的爸爸早已過身了，只剩下媽媽照顧他們。這家人因為欠了別人的錢，兄弟二人要被帶去作奴僕的時候，有位先知出現，他對那媽媽說：「天父必看顧你們。你去向鄰舍借些空瓶子來，然後，將家中的一瓶油倒進去。」孩子的媽媽聽了後覺得又驚又喜。返回家後，她急忙地照先知的話去做。果然，奇妙的事情發生了，油從瓶中不斷流出來——所有的空瓶子都盛滿了油！

她把油賣掉，用得到的金錢還債，還有剩餘的錢為孩子買食物。天父真的看顧這個貧窮的家庭，讓愛充滿兩兄弟和他們的媽媽。

五　唱詩：《我的燈需要油》

古時候沒有電燈，所以要點油燈。要燈持續光亮，油一定要充足。「我的燈需要油」，就代表著我們需要天父的豐富供應。

如果幼兒不太熟悉這首歌，可以先聽鐳射唱片（《天父世界唱遊樂歌集》）一遍，然後學唱。詩歌唱得是否熟練並不重要，最重要是幼兒明白歌詞內容，知道自己在唱甚麼。

六　手工：玻璃瓶——七彩小油瓶

導師讓幼兒從不同形狀及大小的玻璃瓶中選取一個瓶子。

請幼兒用不同的裝飾物料，如貼紙、毛毛鐵線、七彩皺紙、錫紙、絲帶，為玻璃瓶裝飾。裝飾完後，每個幼兒都可帶自己的瓶回家。

七　總結

導師總結這天幼兒所學的：

1　導師可向幼兒複述這天的聖經故事，以問答方式帶出聖經的重點。
　例：今天的聖經故事中，兩個小朋友遇到困難，有誰幫助他們？
　　你覺得他們對天父有沒有信心？

2　請幼兒想一想我們有甚麼事需要天父的幫助，然後導師為各人祈禱。
　導師引導幼兒分享所遇到的困難，包括他們在課堂初段時所分享的事情。

3　唱詩《我的燈需要油》，導師帶出歌詞中提及「求主常賜下」油，帶領幼兒學習向天父祈求。

4　分發七彩小油瓶，下課。

課後親子活動

父母在家中可與幼兒唱詩《我的燈需要油》，並和幼兒一起為所遇到的困難向天父祈禱。

導師留意

在傾談的過程中，有幼兒能表達自己遇到甚麼困難及如何面對，例如生病時如何尋求天父的幫助。故此，我相信他們都能了解故事的中心信息。不過他們大多沒有經歷過物質上的缺乏，所以事實上並不容易令幼兒設身代入故事的困境之中。導師可分享現實中的真實故事，例如其他國家中貧窮孩童的生活，或香港的困乏人士處境，讓幼兒了解貧窮人的困難。

教案構思及事奉分享

梁成達

活動的構思

對於「天父的油　我們的樽」這題目，個人感受特別深，因工作上有機會提供服務予社區上之困乏家庭，了解到他們在物質上的缺乏。不過，很多幼兒未必能身同感受。故此，需要以其他例子，包括生病或與朋友發生爭執等，來說明人在遇到困難時所感到的無助，並尋求天父的看顧，要透過祈禱向天父求助。

除了列王紀下的聖經故事外，我亦會分享其他德育故事，以便重複教育有關信息。例如有一個講述膽小幼獅的故事，教導小朋友如何有勇氣面對困難：幼獅在過程中獲得朋友的幫助，最後能解決困境，也可以成長起來。

如何準備這課堂

在準備工作方面，為了讓幼兒對油瓶有更深刻的印象，故此特別搜集和購買了十多個裝飾用的小瓶，並預備貼紙及其他手工用品，讓幼兒可以有機會裝飾屬於自己的小油瓶，完成後帶回家。幼兒對於能完成自己創作的作品，並獲得讚賞，會感到十分興奮。

由於幼兒的反應很多時未能預料，故此我通常會準備多些後備用的物資進行分組活動。由於我教導的幼兒較為文靜，對很多動作大的遊戲反應較慢熱，所以大量的塗色畫紙和泥膠便大派用場。在他們一邊畫一邊捏時，可以一邊給予讚賞，並且重複以聖經故事之內容提出問題及描述，幫助他們吸收信息。

教學過程的分享

在構思內容時，自己在一星期前已計劃以裝飾小瓶來加強幼兒對故事的感受，不過尋遍數間文具精品店，也找不到最合適的。因除了體積要合適外，亦需要有紙盒包裝，方便攜帶。最後到教學前兩天，才在一間店鋪買到，當時真感謝天父的供應。

主日學導師的事奉職份

不經不覺加入幼兒主日學導師這羣體已是第三個年頭，回想最初獲邀請事奉，自己也是抱著「即管一試」的心情答應，料不到主會帶領我有這段寶貴的經歷。

在成為導師前，由於自己女兒正參加主日學，故此有機會看到每次上課的情況，感覺到導師們的辛勞，因為各孩童甚有「個性」，組合起來也有「另一番景象」。整體來說，主日學的氣氛是十分好的，使人很享受熱鬧和歡笑的過程。

由於參加主日學的人數十分多，故人手的需求很大。自己也看到此需要，覺得能盡一分力去事奉是主所喜悅的，加上自己的女兒正在參與其中，故有所付出、分擔工作是自然不過的事。

最初，自己並沒有特別想到自己作為男導師的角色，個人認為男導師除了在「搬搬抬抬」的工作較為有優勢外，其他各方面與女導師的分別不大。在參與過後，我想男導師可給孩童展現男性的其中一些形象，例如：活潑、親切和關懷，豐富了主日學的多元性和內容。不過，較少幼兒主日學男導師是一個現況，可能是因各弟兄尚未踏出第一步。但只要肯去嘗試，相信並非如想像般那麼困難。

依我觀察，男導師的參與確實發揮著獨特的功能。例如一個男導師彈著結他帶唱詩歌時，氣氛一流，孩童均集中唱歌。另外，有個男導師運用電腦分享一些自然界知識時，資料豐富及趣味性強，孩童們均獲益良多。最後，我也觀察到一個男導師帶遊戲時玩得很大膽，道具甚多，孩童可以樂而忘返。

在參與成為導師後，工作包括準備自己負責之各級分組內容。雖然已有一定的參考資料，但自己卻喜歡將其「改頭換面」，加上自己創作的一些內容，務求令參加幼兒覺得有趣；而遊戲和唱詩很能帶起氣氛，吸引他們注意。由於幼兒能專注的時間十分短，能吸收的資料有限，因此很多時需要透過講故事帶出有關信息，包括聖經故事及其他德育故事。而且，也需要在過程中透過問答不斷重複有關信息，加深他們的印象。不過，最常要做的，還是現場的應變，因為幼兒的反應在事前不能百分百預料到。記得有一次帶領各人以話劇形式演繹聖經故事，縱然是簡單的動作及對白，但有一個幼兒演至中途突然停下來。是繼續等他，還是轉到下一環節？結果是由我代演下去，引開其他幼兒的注意，免再集中於該名幼兒身上，而是帶大家回聖經故事中。當然，幼兒的表現也有帶來驚喜的。例如在一次進行歷奇遊戲時，各幼兒需要蒙眼向前行，再拾起地上的豆袋。有一個幼童自告奮勇，第一次便能成功，著實令導師們都「跌眼鏡」。

在此可分享一些作為導師的感受。由於各項事務纏身，很多時要到星期六晚才能準備第二天主日學的內容，感覺是有所虧欠，未能充足預備及以最好的精神狀態去應付。自己也曾預先編寫每堂的程序，搜集資料，也在課後給予各學童一些評語和意見，讓家長更了解子女在主日學課堂中表現。可惜有關工作未能持之以恆。面對個別特別「活潑」的學童，也是考驗自己耐性之時。雖然面對不少限制，但學童的眼神和笑容，對我來說是莫大的鼓勵，而且，當聽到有人說喜歡上自己負責的課堂時，心裏著實感到安慰。

在未來，希望自己能繼續在照顧孩童的事奉中努力，亦期望更多弟兄姊妹，不分男或女，享受幼兒主日學事奉的喜樂。

作者簡介

姓名：梁成達

職業：社工

教主日學年資：三年

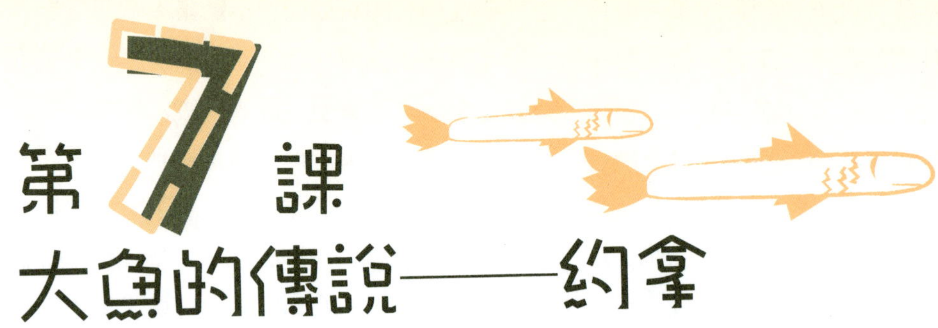

第7課 大魚的傳說——約拿

主題內容：舊約中約拿由逃避神吩咐，被大魚吞了，到順服神的經歷。

經文出處：約拿書

教學目標：透過活動，幼兒能學會順服及憐憫。

場地安排：
1 導師需於課前錄下數項指令，供課堂裏使用。例如請幼兒做一些動作，或說一些話要他們重複說出來。
2 預先將一些圖片或物件放在課室裏的不同地方。

是日統籌：　　　　　　　　　　　日期：

時間	活動及物資清單	人力資源
聚會前	**清理及佈置場地** ☐ 收藏圖片／物件	
15 分鐘	**引起動機** ☐ 歌詞 ☐ 搖鼓 ☐ 手鈴 ☐ 錄音片段 ☐ 播放器	
15 分鐘	**講故事** ☐ 小白兔布偶	
15 分鐘	**排隊往洗手間、茶點** ☐ 食物 ☐ 飲料 ☐ 餐具	
20 分鐘	**手工** ☐ 大魚圖透明膠片每人2張　☐ 油性筆（畫膠片用） ☐ 4x4寸畫紙　☐ 膠紙 ☐ 顏色筆　☐ 剪刀	
5 分鐘	**總結、禱告**	

一　引起動機

首先，與幼兒熱身，唱"Oh Poor Jonah!"（〔可憐的約拿！〕；見附錄，頁138）一次，然後給他們搖鼓、手鈴，跟他們再多唱兩、三次。

導師播放預先錄好的指令，詢問幼兒：你聽到甚麼？然後請他們覆述出來，並依指令做。

導師告訴幼兒有一些圖片和物件藏在課室裏，請他們尋找出來，但要他們小心聽指示才能找出來，藉這個遊戲令幼兒學習聽指示。

二　講故事

導師以布偶講述故事，吸引幼兒注意、聆聽。

這時候布偶出場……

小朋友，你們好。今天我小白兔想跟你們說一個關於大魚的故事。

有哪些小朋友喜歡吃魚呢？魚是很有益的食物！多食不單對我們身體好，還會令我們聰明呢！不過，如果我們不小心給大魚吞進肚子裏，那怎麼辦呢？我們還能生存嗎？現在我說的故事裏，有一個先知叫約拿，他不聽神的話，所以給大魚吞了進肚子裏。你想他可以生存嗎？

約拿是在以色列王耶羅波安二世期間作先知。當時，亞述國是一個很強的國家，首都尼尼微是個很大很熱鬧的城市。不過，那裏的百姓好壞，拜假神和偶像。那裏就是一個罪惡之城。

神於是叫約拿去尼尼微城，警告那裏的百姓們快點悔改，否則就會毀滅他們。但是約拿卻不想去；神要他去東邊，他卻往西方走。約拿上了一艘船去他施。他施位於現在的西班牙，約拿坐船要在地中海裏航行。照道理，地中海的氣候一向都平穩，坐船應該很平順才對，

沒想到約拿坐的船剛離開了港口，海上就吹起了很大很大的狂風，海浪好高好高，船搖來搖去，所有人都非常驚惶，不知怎樣好。各人都求自己的神，和將船上的貨物都丟在海裏，而約拿卻一個人在船艙底裏面倒頭大睡。船主發現他就叫醒他，問他為甚麼還可以睡得著，認為他至少也要求求所相信的神吧！約拿在船主的叫喚之下，去到甲板上。風浪還是非常大，船上的人認為不如大家抽籤，看看這災臨到哪個人的身上，而約拿被選出來。

約拿說自己是以色列人，敬畏神，是一個先知。神要他去尼尼微做一件事，但他不肯去，所以就想逃到離尼尼微最遠的他施去。約拿叫大家丟他落海。但是大家都不想，於是船主就先向神禱告，然後將約拿丟進海裏。海浪就平靜了，船上的人都覺得好驚奇，因此很多人就相信這位神是真的，紛紛向神獻祭許願。被丟進大海的約拿呢？他剛好被一條好大好大的魚吞進肚裏面，他自己在大魚肚子裏待了三日三夜。約拿在大魚肚子裏並沒有埋怨，反而不住的向神禱告，謝謝神救了他的命。三天之後，神就叫魚將約拿吐上岸。約拿一出來，神就再次叫他去尼尼微城，告訴當地的百姓，還有四十天，尼尼微城就會被毀滅了。約拿這次聽神的話。

沒想到尼尼微城的百姓雖然做了好多壞事，但是一聽到約拿發出的警告之後，竟然不約而同地願意悔改，全都披上了麻布表示悔改，禁食不吃東西。尼尼微王聽到這個消息之後，不但自己下了寶座披上麻衣坐在灰裏，還派人到各處宣告，要每個人都懇求神原諒自己以前犯的過錯，希望神會原諒！大家聽了王的命令，當然更加遵行，全城的人都虔誠的認錯悔改。

神見到尼尼微城的人誠心願意改過，當然就原諒他們，不毀滅他們了。但是，約拿就十分生氣！他發脾氣，就出了城，在城外為自己搭了一座棚，坐在棚下想看看尼尼微到底會怎樣！可是，太陽很猛烈，約拿都快要暈啦！神就安排一棵蓖麻樹，高度剛剛好比約拿高一點點，樹蔭正好能遮蓋約拿的頭，於是約拿就好高興。但是到第二日，這棵樹竟然被蟲子咬死了！而且神又安排了最熱的東風吹著約拿，約拿就抱怨。神對約拿說，這只是一棵篦麻樹，既不是他栽種的，也不是他培養的，一夜之間它長出來了，一夜之間它又乾死了，他都懂得愛惜它，何況尼尼微城裏，其中不能分辦左手右手的有十二萬多人，神怎麼能不愛惜這城呢！

約拿一聽，才發現自己錯了。原來，神愛所有人，而且無論人犯了甚麼錯誤，只要願意真心悔改，都會得到神的憐憫，好像尼尼微城裏的人，雖然他們一直都不好，但當他們知道神要毀滅他們的時候，他們立刻悔改，結果神就原諒他們，不毀滅他們了。

小朋友，約拿的故事就說到這裏了，你們喜歡嗎？下次吃魚的時候，會不會想到約拿呀？

三　排隊往洗手間、茶點

請家長義工協助幼兒排隊往洗手間。

回來之後，請幼兒協助分發杯和碟，導師則分發茶點。

導師請一個幼兒為茶點感謝禱告，然後一起享用茶點，並分享一下對約拿的故事的想法。導師可向幼兒提問，引導他們分享。

四　手工

導師及助教協助幼兒做手工，這次的手工分為兩部分：

1　分派4 x 4寸圖畫紙給幼兒，每人一張，請他們在紙上畫約拿或一個小朋友。

2　將大魚圖（見附錄，頁139）印在兩張6 x 8寸透明膠片上，然後剪下大魚的形狀，請幼兒連線。將畫好的約拿或小朋友圖放在兩張膠片中間魚腹的位置，再把兩張膠片貼起來，手工完成。

五　總結、禱告

導師總結這課的重點：不論我們做錯甚麼事，只要我們願意真心悔改，天父一定原諒我們。

導師帶領幼兒以禱告結束這課堂。

課後親子活動

課後回家，父母可以與幼兒一起將手工貼在家中容易看到的地方，以此提醒幼兒聽天父的話。父母也可與幼兒傾談，了解他們認為該如何聽從天父的話去做。

導師留意

教導這課時，導師可以多留意幼兒聽故事的反應，特別是約拿給大魚吞掉時，有些幼兒會恐懼的。導師可預先準備如何回應及處理。

教案構思及事奉分享

黃舜希

多年前在澳洲幫助教當地的華人主日學的時候，收到的課題是「約拿和大魚」，而在當中要將順服及憐憫的信息教導給小孩子。當時的我剛剛當上主日學導師，得到的中文教材可以説不多，經驗也有限。我想約拿給大魚吞了，在魚腹中的這幅圖畫，相信會是小朋友對故事最深刻的部分。是次的活動構思也是由此而來。

每當回想兒時上主日學的日子，總是離不開一個「悶」字。每次導師都努力地把信息説出來，而我們只是靜靜地聽著聽著，很多時都不是味兒。作為兩個孩子的母親，我當然希望孩子能夠活潑愉快上課之餘，還可以帶著神的話語回家，這便是最大的祝福。

自己作了導師多年，回想過來，由戰戰兢兢的心情到今天像是駕輕就熟的樣子，很多時總覺得有些欠缺，還可以做得更好。曾經嘗試用一個星期為堂課準備，首先為自己祈禱，希望天父給自己智慧，加上反覆的想著要教導的經文，以致可以有效地將中心信息帶出，而小朋友又不會覺得悶。

有時候備課遇到困難，是由於教導的小朋友只有四至五歲，各有不同的個性：有的不很專注，有的在上課的時候嚷著要媽媽爸爸陪，更有的害怕聽故事，怕聽到危險、死亡、受傷害及與人分離等情節。因此在這課堂裏，我帶了一隻小白兔布偶，用以講故事，希望藉此吸引更多小朋友注意，和希望令害怕聽故事的小朋友的恐懼心理減少，能帶出故事的信息給他們。

在準備這個教案的過程中，家裏發生特別多事，而自己很多時都不能專注地完成預備的工作，心裏只有不斷的向天父祈禱，支取力量，希望天父悅納自己的事奉，同時希望這個信息像小種子般種在小朋友的小小心窩內。作為一個幼兒主日學導師，我覺得自己的位份很重要，雖然很希望將每一次所準備的課程教導那些小朋友，讓他們明白天父的道理，但我相信重要的是每一個小朋友自己。小孩子是很真的，會知道我們的心是否真的關心他們，還是為工作而工作。

我不斷的提醒自己，做好預備的功夫，天父會動工的。同時，每當我認真作準備，很多時那課課文成為天父對我說的話。感謝主，自己還可以事奉主；有的時候心裏懼怕失去了事奉的機會，因為可以事奉是一個恩典。雖然在事奉的過程中難免有灰心、失落的時候，但當我見到那些小天使般的小孩，很多時我就忘記了一切。

在自己的事奉路途上，很多時我會用箴言四章23節：「你要保守你心，勝過保守一切，因為一生的果效是由心發出。」並以下的一首詩歌《祢的話》提醒自己，亦希望自己能常常保持著小孩子的心境。

祢的話

我將祢的話語，深藏在我心，免得我得罪祢，免得我遠離。
哦主啊！與我親近，我愛祢聲音，作我腳前的燈，作我路上的光。
天地將要過去，祢的話卻長存，天地將毀壞，祢的話卻長新。
我將祢的話語，深藏在我心，免得我得罪祢，免得我遠離。
哦主啊！與我親近，我愛祢聲音，作我腳前的燈，作我路上的光。

作者簡介

黃舜希，是一名主婦，信主二十年以上，作導師五年多。育有兩個十分活潑的小孩，分別九歲和七歲。

第8課 馬利亞誕下小耶穌

主題內容： 慶祝耶穌的出生。

經文出處： 馬太福音一章18節至二章12節；路加福音一章26節至二章20節

教學目標： 透過活動，讓幼兒

1. 認識馬利亞誕下耶穌；
2. 一起慶祝耶穌的生日；
3. 把心意卡獻給耶穌。

教學內容： 這是一個合班活動。課堂時間大約一小時。

課前預備：

1. 導師需於課前數星期安排話劇時間事宜，如分配話劇角色，包括：旁白、馬利亞、天使、伊利莎白、約瑟、牧羊人及小羊。導師可請幼兒扮演小羊，或邀請一些高班的幼兒表演，並跟幼兒綵排話劇，教導他們和練習唱《馬槽歌》。
2. 導師於課堂前數點話劇需用物品是否齊全，以及參與演出的幼兒是否已到達。

場地安排： 導師可預先請幼兒畫圖畫和製作聖誕吊飾，於當日課堂前以這些物品佈置場地。另外，因有話劇演出，導師需預先用電線膠布在地面上貼出界線，用來劃分幼兒區和表演區。

是日統籌：　　　　　　　　　　　　　　　　　日期：

時間	活動及物資清單		人力資源
聚會前	**清理及佈置場地** ☐ 用聖誕裝飾品佈置場地 ☐ 安排話劇演出地方		
5 分鐘	**引起動機** ☐ 星星棒 ☐ 聖誕帽		
10 分鐘	**唱詩** ☐ 歌詞 ☐ 手鈴 ☐ 沙槌		
10 分鐘	**話劇** ☐ 馬利亞服飾 ☐ 約瑟服飾 ☐ 天使服飾 ☐ 伊利莎白服飾	☐ 牧羊人服飾 ☐ 嬰兒公仔 ☐ 包裹嬰兒的布 ☐ 牧羊人手杖	
10 分鐘	**圖畫手工** ☐ 心形卡 ☐ 顏色筆	☐ 膠水 ☐ 手工物料	
20 分鐘	**生日會** ☐ 枱布 ☐ 食物（包括蛋糕）	☐ 飲料 ☐ 餐具	
5 分鐘	結束禱告、派發禮物 ☐ 禮物 介紹及派發工作紙 ☐ 工作紙		

一　引起動機

導師歡迎小朋友及一起祈禱。導師手持星星棒及帶上聖誕帽，請幼兒看看四周的環境，然後提問幼兒今天是甚麼節日，讓幼兒自由表達。提問幼兒：聖誕節是紀念誰出世？導師藉幼兒的答案道出這次的主題內容。

二　唱詩

導師帶領幼兒唱《平安夜》和《馬槽歌》，期間可邀請幼兒唱詩時配合做動作，和幫忙奏樂器。

導師可問幼兒：如果你睡在媽媽的懷中，有甚麼感覺？讓幼兒了解主耶穌在母親懷中安睡的感覺如何。

三　話劇

導師先安排參與話劇演出的幼兒預備，然後依話劇演出的位置，請其他幼兒圍成半圓形坐好，等候話劇開始。

第一幕：天使找馬利亞

馬利亞： 我名叫馬利亞，神的兒子耶穌是我生的。以前有一天，天使來對我說……

天　使： 願你平安，主與你同在，大大賜福給你。

馬利亞： 我聽了之後，很擔心。

天　使： 馬利亞，你不要害怕，你要生一個兒子，名字叫耶穌。祂是偉大的，要稱為神的兒子。

馬利亞： 天使告訴我……

天　使： 你的親戚伊利莎白，她和丈夫都很老，不能生小孩子了，但是神行了奇迹，讓伊利莎白懷了孩子，因為在神沒有一件事是做不到的。

第二幕：馬利亞去找伊利莎白

馬利亞： 這個消息，我聽了後，感到很驚奇，立即到伊利莎白的家裏去。伊利莎白聽到我的聲音，腹中的嬰孩便在裏面歡喜地跳動起來。

伊利莎白：你是最有福氣的女人！

馬利亞： 我心讚美上主的偉大；我的靈以神我救主為喜樂！

第三幕：馬利亞、約瑟去伯利恆城辦理戶口登記

旁　白： 那時，羅馬王帝凱撒亞古士督頒佈了一道命令，要所有人返回自己的家鄉，辦理戶口登記。這是一次全國的人口普查。

馬利亞： 我的丈夫約瑟是伯利恆城的人。雖然嬰孩快要出生了，但我們仍然要返回伯利恆去登記。

第四幕：主耶穌在馬槽出世

馬利亞： 當我們到達伯利恆時，城裏很多人都是回來登記的，所有客店的房間都滿了，我們只能睡在馬棚裏。那天晚上，孩子就出世了，我們將祂放進馬槽中。

導師可帶領幼兒一同唱《馬槽歌》。

第五幕：天使向牧羊人報好消息

旁　白： 那天晚上，有一些牧羊人來看馬利亞和孩子。在伯利恆的野外，有些牧羊人看守羊羣的時候，看見突然有天使出現，站在

他們面前，身上發光，牧羊人很害怕。

天　使：不要害怕，看啊！我給你們帶來一個好消息。今天，在大衛城裏，你們的救主已出生了，祂就是主基督。你們要看見一個嬰兒，用布包著，躺在馬槽裏，那就是要給你們的記號。

旁　白：然後，天上出現了很多天使，他們高聲讚美神說：在至高之處，榮耀屬於神！在地上，平安歸祂所喜悅的人！

牧羊人：我們進伯利恆城去，看主所告訴我們那已經發生了的事。

旁　白：牧羊人急忙趕去，找到了馬利亞、約瑟和躺在馬槽的耶穌。

馬利亞：我把這些事記在心裏，仔細思想。

導師可帶幼兒做下面的圖畫手工。其他演員留在演出區或暫到一旁休息。

第六幕：幼兒獻禮

導師請演員回到自己的位置，幼兒則扮成小羊，排隊把心意卡當作禮物獻給耶穌。

四　圖畫手工

導師問幼兒可以送甚麼禮物給小主耶穌，讓幼兒自由表達。

導師派發心形卡給每個幼兒，介紹如何製作心意卡。請幼兒在心形卡上畫畫、貼上手工物料。助教及家長義工從旁協助。

手工完成後，請幼兒有秩序地將卡送給耶穌。

導師安排人手預備桌子和椅子。當幼兒以心意卡作禮物獻給耶穌後，家長義工帶領幼兒排隊往洗手間。其他導師於這時把桌子、椅子搬出來及準備生日會。

五　生日會

導師帶領幼兒一起唱生日歌“Happy Birthday to You”，慶祝耶穌生日。邀請十二月生日的幼兒一同切蛋糕。大家一起吃聖誕茶點。

導師可於生日會期間問幼兒關於話劇的內容和他們的感想，如：如果神揀選你為耶穌的母親，你會有何感受？我們可以在馬利亞身上學到甚麼？若然我們被神揀選，我們會有馬利亞那份驚喜嗎？

活動尾聲時，導師帶領結束祈禱和派禮物給幼兒。導師可介紹及派發工作紙。

課後親子活動

媽媽可與幼兒一起完成工作紙（見附錄，頁140），請幼兒在下週主日學帶回來與其他幼兒分享。

導師留意

導師於課堂前要有充足準備，與各導師開會，預先安排話劇及生日會的事宜，讓大家可互相配合，使當日程序流暢。

教案構思及事奉分享

馬進君

活動的構思

聖誕節是一個普天同慶的日子，耶穌的出世，給世人帶來希望和拯救。幼兒以喜悅的心情迎接這個節日，而我希望這個合班活動，可帶給幼兒歡樂：透過唱聖誕歌可以一同讚美上主，歸榮耀給神；透過話劇感受耶穌出生的情況是怎樣。而幼兒親自畫心意卡獻給耶穌，令到他們以行動作出貢獻。

馬利亞是耶穌的母親，世界上有許多婦女，為甚麼神會揀選她呢？她與神的關係如何呢？在活動後，導師藉提問幼兒，與他們一同思考：如果神揀選我為耶穌的母親，我會有何感受？我們可以在馬利亞身上學到甚麼？馬利亞是充滿聖寵的，在馬利亞的尊主頌中，馬利亞說：「我心尊主為大；我靈以神我的救主為樂；因為他顧念他使女的卑微；從今以後，萬代要稱我有福。那有權能的，為我成就了大事。」（路一46～49）若然我們被神揀選，我們會有馬利亞那份驚喜嗎？我們是否以救主為喜樂呢？我們在上主面前是否願意謙卑受教呢？我們事奉上主，讓神使用我們。其實我們只不過是器皿，在過程中，主權是在神手中。我們被陶造，若存謙卑的心，放下自我，我們定能與主相合，心靈充滿滿足！這是何等喜樂！

我選擇《平安夜》和《馬槽歌》這兩首詩歌，歌詞內容描述耶穌出世的情境。平安寂靜晚上，星光照耀，聖嬰睡在慈母懷中，靜靜地享受神賜予的平安，安靜地睡覺，這是何等的美！有一段日子，我常常失眠，有一個姊妹曾為我祈禱：求慈愛的天父，雙手保護我，使我睡在主的蔭庇下，像嬰孩睡在母親的懷中。想到那種平靜安穩，那一刻我深深感受到天父的愛！天父的保守！

在學生和家長身上學到的功課

當我見到幼兒開心地唱詩讚美上主時，我從他們身上學到要以單純的心仰望神。看到他們專注地觀看話劇及導師和家長義工的投入演出，我感受到主內的團契。

家長很放心及安心地把孩子送到主日學，讓他們認識天父的話語。家長義工負責講故事，他們很投入，講故事時繪聲繪影，聲音抑揚頓挫，幼兒都十分留心，享受這活動。有些家長還參與做主日學導師，他們盡心盡力去教導幼兒，也實在令我感動。這些家長無私的愛，鼓舞著我積極事奉。

我從事幼兒工作多年，喜歡與小孩接觸。他們樣子可愛，單純，充滿好奇心，喜歡學習，容易滿足。有時他們會把心事告訴我知。與他們一起，我覺得自己心境年輕、滿有能力。每個幼兒都是獨特的。主日學的學生，他們大部分充滿活力，喜歡表達，常發問；也有一些是沉靜的，喜歡獨坐在一處，獨自思考，各有不同。在他們身上我學習到對天父要有一顆單純的信心，依靠天父，要與人分享，常常禱告及常存歡樂，當然還有很多寶貴的學習地方有待發掘！

準備課堂

在預備這課時，我細心計劃每一個環節，例如：安排工作人員的工作，綵排話劇，場地佈置，製作道具，預備手工物料、工作紙、食物和禮物等。

我在備課時遇到的困難，包括需時間編寫故事的內容，分配話劇角色，製作教具及道具。我有時對神也存懷疑的心，但在準備主日學時，我重複看聖經故事內容，讓這些內容浸淫在我心中，就再次認識神，相信祂。我也祈禱，求天父憐憫我，賜我力量，讓我有能力述説祂的大能。我也學習去為主日學學生祈禱，希望他們能一起快樂敬拜神，求天父幫助他們有一顆善良的心，相信神，把學習到的聖經內容、主的話藏在心裏，並以行動關愛四周圍的人，實踐主的愛。當我進入課室，我祈求主與我同在，幫助我身心作好準備，帶領我去教主日學。

主日學導師的事奉職份

我決定參與事奉，其中一個原因是看見一羣姊妹很喜樂地事奉，她們活潑的見證，吸引著我參與主日學的事奉。另一方面，我一直祈求神賜給我能甘心樂意及專心事奉祂的心。

我認為幼兒主日學導師的事奉職份是從小培育幼兒學習神的話語，替他們打好信仰的基礎，使他們成為教會未來的領袖；透過導師的言教及身教，讓他們經歷神的愛、信實、大能，供應、看顧、保守，這樣的屬靈經驗對他們的成長很有幫助。舉例來說，當我向幼兒講述主耶穌的醫治大能，如祂使瞎子看見，聾子聽到，啞吧說話，不能走路的人能行路，這些人憑信心得醫治，幼兒聽了都十分驚訝，會相信耶穌。

有一次我告訴幼兒我的憂慮：我有一個好朋友，她突然中風，心臟曾停頓一會兒，已昏迷了數天。我請求幼兒和我同心為這個姊妹祈禱，祈求主醫治她，讓她醒來及求主安慰她的家人。其實那時我的心情很沉重，因為她在生死邊緣！怎知幾天之後，她果然醒來！接著我在主日學與幼兒分享這件事，我們高興地歸榮耀給天父，而他們也認識到天父的慈愛、信實及醫治大能！在主日學，我們常與幼兒一同禱告，為憂慮的事情祈禱，如他們或親人生病；為他們快樂的事件而謝恩，如患病的得醫治，與家人和朋友去旅行時很開心等。這些信仰經驗，讓幼兒看見導師關心、愛護他們，從中體會到天父的慈愛和同在。

事奉路途上的心路歷程

作為一個母親，預備這課時，我反覆思考馬利亞是謙卑地全然順服信靠神帶領她當行的路，而神是愛，祂愛主耶穌，把祂賜給我們。我的父母很愛我，從中使我容易體會神對我們的愛。

回想以前，我為教好一課主日學已經可以很開心，認為是不容易的，怎知去年暑假神給了我一個很大的考驗，我和另一個姊妹需要策劃一連六星期的暑假活動Summer Surprise兒童主日學，那時心情真是戰戰兢兢。雖然內容已定，但因著時間緊迫，所以要立即找人開會和商討如何執行。在過程中，一班導師彼此配搭，各盡所長準備及帶領活動，而幼兒開開心心地享受和參與，我們終於能驚喜地完成活動。

那時有一個姊妹曾笑著對我說：「不要怕，神會看顧著！」在那段日子，我覺得神在鍛煉我，我惟有祈禱，盡能力去做。我體會到經一事長一智，信心也增強了！如聖經所載：「你們要分外地殷勤；有了信心，又要加上德行；有了德行，又要加上知識；有了知識，……又要加上愛眾人的心。」（彼後一5～7）這好像一座高塔，信心是基層，等於得救的地位；先有得救的地位，然後作得救的工夫，如此一層一層的蓋上去，最後完成信徒生命的豐富內容。而我們在事奉路途上，需要裝備自己，如增加聖經的知識，也要加上愛眾人的心，如愛幼兒、家長、導師和同工，從中體會神的愛。馬利亞說：「我心尊主為大；我靈以神我的救主為樂。」祝願大家在事奉途上充滿信心和喜樂！

作者簡介

馬進君，自小就喜歡藝術。喜愛美麗的事物，例如：欣賞大自然，其中色彩豐富的花卉，有不同層次綠色的樹木、植物，千變萬化的雲朵和廣闊的天空。看見大自然的景物，讓我默想神，體會祂的創造奇妙和存在，令我心靈平靜！

在生活裏我享受閱讀書本、繪畫、寫書法和攝影。偶然與朋友閒談，也是賞心樂事。

第9課
主耶穌叫瞎子看見

主題內容：主耶穌傳教時，遇到有信心的瞎子巴底買，並使他看得見。

經文出處：路加福音十八章35至43節；馬可福音十章46至52節

教學目標：透過活動，讓幼兒

1　明白在人不能的，在主耶穌裏卻是能夠的，而且要對耶穌有信心；
2　多些了解自己不同的感覺系統和好好善用；
3　能學習在日常生活中幫助瞎子和其他身體障礙的人。

是日統籌：　　　　　　　　　　日期：

時間	活動及物資清單	人力資源
聚會前	**清理及佈置場地**	
5 分鐘	**聲音打招呼** ☐ 白板／布 ☐ 發聲物件	
15 分鐘	**引起動機** ☐ 文具幾種 ☐ 飲品幾款 ☐ 食物幾種 ☐ 眼罩 ☐ 袋	
20 分鐘	**講故事** ☐ 手指偶 / 布偶耶穌 ☐ 手指偶 / 布偶巴底買	
10 分鐘	**排隊往洗手間、茶點** ☐ 食物 ☐ 飲料 ☐ 餐具	
10 分鐘	**遊戲時間** ☐ 椅子數張 ☐ 手杖 ☐ 太陽眼鏡	

一　聲音打招呼

導師與幼兒在一起，請每個幼兒輪流拿一種會發聲的物件，到白板後，以那物件向大家打招呼，其餘的幼兒可以估一下那是甚麼聲音。

二　引起動機

導師預備不同形狀、大小和質感的文具、飲品和食物，如淡檸檬水、皮球、鉛筆等，然後安排幼兒先圍著桌子坐，輪流遮蔽幼兒的眼睛，或遮蔽物件（如果幼兒害怕被人遮蔽眼睛，導師只需把物件放在袋裏，請幼兒觸摸），讓幼兒以嗅覺、味覺和觸覺感受不同物件。

請幼兒估那物件是甚麼。

三　講故事

導師請幼兒圍大圈而坐，然後説明以上遊戲是想引出以下的故事，故事主角同樣看不見東西。

導師介紹故事中的人物，左右手套上手指偶或布偶，做故事的主角耶穌及瞎子巴底買，邀請兩個幼兒做門徒，其餘的幼兒做市集中的民眾。

導師先戴著扮演主耶穌的手指偶或布偶，帶領兩個扮演門徒的幼兒由課室左邊走到中間，再戴上扮演瞎子巴底買的手指偶或布偶，講述主耶穌醫治瞎子的奇迹。以下內容參《現代中文聖經修訂本》：

耶穌來到靠近耶利哥的地方，有一個瞎子坐在路旁討飯。他聽見羣眾經過，就查問是甚麼事。

有人告訴他：「拿撒勒的耶穌正經過這裏。」

他就呼喊：「大衞之子耶穌啊，可憐我吧！」

在前頭走的人責備他，叫他不要作聲。他卻更大聲地喊叫：「大衞之子啊，可憐我吧！」

於是耶穌站住，吩咐人把瞎子帶到祂面前來。他近前的時候，耶穌問他：「你要我為你做甚麼？」

他回答：「主啊，我要能看見！」

耶穌對他說：「你就看見吧！你的信心治好你了。」

瞎子立刻能看見，就跟隨耶穌，一路頌讚神。羣眾看見這事，也都頌讚神。

故事講述由於瞎子對主的信心，主耶穌把他醫治好。導師需留意，重點是要讓幼兒知道主耶穌甚麼都能做，我們在有需要時，應有信心，求主耶穌幫助。主耶穌能醫治所有人。

四　排隊往洗手間、茶點

請家長義工幫忙，帶幼兒排隊往洗手間。

導師安排茶點，請助教或幼兒幫忙派發食具等。

BARTIMAEUS

五　遊戲時間

導師告訴幼兒：作為人，就算最聰明的醫生也不能醫治所有人，但我們仍可以盡力幫助瞎子及有需要的人，如孕婦，長者等。

請幼兒把椅子排成像地鐵車廂裏的椅子一般，家長義工扮有不同需要、等候人幫助的人。然後請另一些家長義工坐下，跟扮演有需要人士的義工一起示範兩次，讓幼兒看見坐著的家長義工讓座給有需要的人。

遊戲正式開始，先由導師及家長義工扮演有需要人士，試試幼兒是否願意讓坐或幫忙，鼓勵幼兒自願讓座給有需要的人。之後，導師可按情況請幼兒扮演有需要的人。

遊戲完結時，問每個幼兒回家後會不會照樣幫助一些有需要的人。讓他們慢慢明白，不只在遊戲中，還要在日常生活中幫助有需要的人。

課後親子活動

這課後，家長帶幼兒外出乘搭交通工具時，可鼓勵幼兒讓座給有需要的人。家長可以先作榜樣，讓幼兒跟從。

導師留意

不是每個幼兒都願意合上眼睛玩遊戲，更並非每個幼兒都愛玩遊戲。導師需要按不同幼兒的個性給予支持，例如文靜的，就給他們多加一點信心和鼓勵；好動的，可以要求他們負多一點責任。在課室內，不要令他們分散坐在各處，讓他們圍著桌子坐，使他們更投入，及更能專注於第一個多感官遊戲。

在講故事時間，導師要請他們散開一點，圍大圈坐。因為需要較大空間擺放道具，也要讓幼兒可以看清楚手指偶或布偶，不會爭先恐後。故事完結後，要簡單直接告訴幼兒故事的主旨，不要讓他們誤會這只是一個故事而已。

最後的遊戲時間，對於我來説是實踐，學習在日常生活中行道。所以遊戲完結時，我會輪流問每個幼兒，他們回家後會不會照樣幫助一些有需要的人。讓他們明白在日常生活中也要幫助有需要的人。

教案構思及事奉分享

呂燕燕

活動的構思

由於幼稚園年級的幼兒的專注力和耐性有限，導師要把故事的主題和信息簡單及直接地告訴他們。加上他們活潑和有好奇心，所以可以新鮮及多感官的活動吸引他們的注意力。

我是一名治療師，在工作時已熟習使用多感官的教學方法教導學生。因此在預備這課時，我設計了一些要運用不同感覺器官的遊戲，也十分期待小朋友能在當中享受這些遊戲。由於這個主題是關於瞎子，設計活動時想讓小朋友體驗失去視覺的感覺，也讓他們模仿瞎子運用其他感覺系統去體驗環境。

教學過程中的分享

這個故事對於我們來說已經十分熟稔，但再三閱讀聖經故事後，我更投入當時的情景，更希望教導小朋友學習主耶穌幫助人。

講故事時間完結後，我告訴他們自己很感謝主，祂賜給我，也賜給小朋友有健全的身體。因此我們要學習感恩，更應該幫助一些身體有殘障和有需要的人。由於工作關係，我會常常接觸不同年紀、有多重障礙的學生，他們的人生和前路往往比一般人的艱難很多很多倍。我除了幫助他們之外，還要感謝神賜予我一個健全的身體，因為健全的身體和智慧不是人一出生理所當然擁有的。我們還要學習有障礙的人，他們不會因為身體的障礙而放棄人生，有些比我們普通的人更堅毅、更努力不懈。所以每當我生活中有挫折時，我都會想起他們；只要靠著神，我便能很快站起來。

在這課中，我學會帶領小朋友一起向神禱告，禱告要簡單直接，讓小朋友容易明白自己所求的和感恩的事。我也從遊戲中學會了解他們各人不同的性格、特點、習慣，好讓我下一次設計課程活動時，能使他們專注和開心。

主日學導師的事奉職份

我從不輕看幼兒主日學導師的事奉，我相信這是主給我教導小孩的福份。雖然我有時會感到備課的倉促，沒有太多時間去反覆思量那課預備得好不好；有時也會感到貧乏——想不到合適的手工活動、沒有精緻的教學模型。但是只要看到天真可愛的小朋友坐在面前，就自然知道自己能付出甚麼給他們，疲倦的身軀突然精力充沛。我相信主是藉著我們主日學導師的口和手去教導小朋友，祂不斷賜予我們智慧和能力。

經過數年的「教學生涯」，我發覺除了要讓小朋友明白聖經故事的內容以外，更要讓他們學習在日常生活中實行出來。主教導我清楚表達故事內容以外，更教導我要在小朋友面前見證主的慈愛和公義。幼兒主日學真的很重要，我不希望看見小孩慢慢被社會的壞風氣荼毒，所以要更盡心盡力教導他們認識真道。我相信只要我願意繼續教導小朋友，主願意繼續幫助我，在幼兒主日學的事奉上得力。

「萬事都互相效力，叫愛神的人得益處。」幼兒主日學並不是一個人的事奉，是需要各導師互相合作，大家有同一心志，有同一個目標，讓小朋友和導師一起得益處。

作者簡介

我名叫呂燕燕或Lily，是一名在特殊學校工作的職業治療師，一直喜愛與小朋友相處。二〇〇〇年開始教導幼稚園級及小一兒童主日學。在二〇〇二年轉到金巴崙長老會道顯堂聚會後，便一直在幼稚園級兒童主日學事奉。幼兒主日學的事工並非易事，是在一個人成長的重要關口上作的事工。我盼望以自己渺小的能力，和其他導師一起，把主的道教導給幼兒。

第三部分

特殊活動範例

尋找生日的意義
——生日會的構思

很多教會的兒童主日學都會安排每月一次的生日會，讓同一月份出生的幼兒和他們的父母，與所有幼兒及導師一同分享這份生命的喜悅。

兒童主日學的生日會，因為時間關係，通常只有十五至二十分鐘時間。除此之外，主日學的生日會跟家中的或快餐店的生日會有哪些不同之處呢？

生日的幼兒固然是主角，但天父和幼兒的父母亦扮演著重要的角色，就是愛與恩典的施予者和提供者！所以，在生日會上，生日的幼兒要懂得向天父和父母感謝他們的愛護！幼兒到了五歲左右，開始有自己的思維和意見，導師及父母應安排生日的幼兒有份參與生日會的籌備工作，並服務參加生日會的來賓，學會服事。

以下這個生日會，你認為如何？

課前準備

1　在生日會前一個星期，導師應在合班時段將完結時，讓眾人知道一個分享喜悅的開心活動將要來臨。例如下星期開七月份生日會，七月份有三個幼兒生日，導師可事先安排三個氣球掛在課室的當眼處，氣球內放有三個小朋友名字的字條，以及一些顏色縐紙碎。導師先讓所有幼兒猜七月份有哪些幼兒生日，然後將氣球逐個刺破，揭曉是哪三個幼兒生日，並請生日的幼兒站出來，親自邀請大家出席他們下星期在主日學內舉行的生日會。

2 導師請生日的幼兒和家長一同開會，商討食物、蛋糕、攝影、帶遊戲等分工安排。如果該月有超過兩名幼兒生日，那麼這個商討活動就是一個好機會，讓幼兒體驗到互相合作和協商的精神。

關於生日會，可以試試以下的安排：

〔1〕 安排一個白色的生日會。使用白色的杯碟，白色的枱布，白色的食具，白色的餐紙巾；預備白色的食物（棉花糖、三文治、牛奶、維他奶、豆漿、飯團、湯丸、烚蛋、奶油威化餅、腸粉、魚蛋、豆腐花、白色的忌廉蛋糕等），甚至要求來賓穿白色的上衣！你還想到甚麼？不妨問問幼兒，他們也許會給你帶來更多的驚喜！

〔2〕 安排一個純中式的生日會。貼紅紙，穿紅衣，掛青蔥，接福音利是，吃中式食品（紅雞蛋、壽包、長壽麵等），唱中式生日歌，藉此機會讓幼兒多點認識中華文化也不錯呢！

〔3〕 如果家長有時間，不妨與子女一同找資料，看看不同國家的小朋友如何過生日。日本的、美國的、意大利的，甚至學習一下以不同語言說「生日快樂」吧！讓幼兒看到天父多棒！能聽懂不同的語言！

3 導師請家長在家中配合，與幼兒一同思想他的生日願望。這願望可以是送給自己的一個目標，也可以是一種關懷別人或事物的態度，又或者是幼兒對生活的期盼。無論是甚麼願望，家長都應肯定幼兒，透過分享願望，增進親子感情和了解。

4 如果在生日會上玩遊戲，家長可以鼓勵幼兒準備一份小手工或一幅圖畫，送給在遊戲中勝出的幼兒作為獎勵。這禮物既有心思和價值，亦讓幼兒明白禮物不一定要用金錢去購買的觀念。

5 另外，請家長讓幼兒參與購買生日會所需食物及用品，並在生日會當日離家出門前幫忙點算清楚，這是訓練幼兒承擔責任的好機會。

6　導師可以在分班時，與其他幼兒一同準備一張生日卡在下星期送給生日的幼兒，並一同想想他的喜好是甚麼，然後寫在生日卡上。例如：「最喜歡送貼紙給小朋友的Mary，生日快樂！」或者「最喜歡做手工的俊明，Happy Birthday!」。

生日會程序

1　家長義工帶所有幼兒排隊往洗手間。

2　同一時間，請生日的幼兒、其家長及一些家長義工，安排生日會場地，例如安排枱椅，鋪枱布，派碗、食具和紙巾等。

3　導師為生日的幼兒戴上自製生日帽。

4　當其他幼兒從洗手間回到課室時，生日的幼兒和家長安排他們入座。

5　拍掌恭賀生日的幼兒，如果生日的幼兒五歲生日，唱完生日歌後，一同拍五下手掌，餘此類推。

6　請生日幼兒親吻父母，多謝父母的愛錫。

7　導師領禱，內容可包括：

【1】感謝天父為這個家庭賜下這可愛的幼兒，如果導師對幼兒或幼兒的家庭認識較深，感謝的內容可以具體一點；

【2】感謝天父在過去的年日保守幼兒成長；

【3】將幼兒的未來交託給天父；

【4】為枱上食物禱告，求主潔淨。

8　家長義工在切蛋糕和分配之時，導師和生日的幼兒可以跟在座幼兒玩一至兩個靜態遊戲。此時，可播輕鬆音樂以增加歡樂氣氛。

9　讓生日的幼兒協助分派蛋糕和食物。

10　大家共享美點。

尋找母親節的意義
——母親節主日學活動的構思

對於幼兒來說，媽媽的地位無可取代，她是幼兒主要的安全感來源，對於幼兒的起居飲食以及心靈關顧，媽媽都扮演著重要的角色。我過往多年在主日學的事奉中看到，幼兒對母親節的期待和興奮程度，是過於父親節的。

大部分國家都將五月第二個星期日定為母親節，以頌揚世上所有母親的偉大。但大家有沒有想過，對於媽媽來說，其實哪一天才是母親節？

答案是：她首個孩子出世那天，便是她的母親節，因為由那天開始，她便成為媽媽。從這個角度出發去思考，導師要在主日學裏跟幼兒去慶祝母親節，可以怎樣安排呢？

課前準備

1 在母親節主日前兩三個星期，請每個幼兒的媽媽，將自己的單人照片及幼兒的嬰兒單人照片的數碼檔案（.jpg）電郵給導師。（導師可按個別家庭或教會的資源，使用其他展示照片的方式，如可以將檔案印成8R的照片，或者直接展示家長交來的照片亦可。）

2 邀請懷孕的準媽媽，及一位初生嬰兒的媽媽當日前來分享。

3 於一星期前的課堂裏，請幼兒親手繪畫送給媽媽的心意卡。導師收集後貼在當日送給各位媽媽的花上。

4 導師要事前編好主日學課室座位表，幼兒與媽媽一同坐。導師要安排不太相熟的家長坐在附近，以製造機會讓家長彼此認識。

5 主日學出通告，於兩至三星期前派發：

〔1〕 邀請媽媽陪同子女一同出席母親節合班活動；

〔2〕 豁免當日應要做家長義工的媽媽的職務，改為由爸爸當家長義工，讓媽媽休息。

是日統籌：　　　　　　　　　　　　日期：

時間	活動及物資清單	人力資源
聚會前	**清理及佈置場地** ☐ 預先編排座位及場地如何使用	
課前 15 分鐘	**歡迎** ☐奉獻箱　☐歌譜及歌詞	
5 分鐘	**開始，問安**	
5 分鐘	**分享**	
5 分鐘	**禱告**	
15-20 分鐘	**詩歌讚美** ☐ 歌譜及歌詞	
15 分鐘	**活動1：媽媽配對遊戲** ☐ 手提電腦　☐ 影像投射機 ☐ 投射螢幕　☐ 哈哈笑貼紙	
10 分鐘	**活動2：BB 配對遊戲** ☐ 手提電腦　☐ 哈哈笑貼紙 ☐ 投射螢幕　☐ 即影即有相機連底片 ☐ 影像投射機	

20 分鐘	**分享：BB 怎樣來的？** ☐ 手提電腦　　☐ 影像投射機 ☐ 投射螢幕　　☐ 胎兒成長錄像片段	
10 分鐘	**茶點** ☐ 食物　　☐ 餐具 ☐ 飲料　　☐ 紙巾	
	放學 ☐ 康乃馨（獨立包裝，結上絲帶，貼上幼兒在上星期已畫好的心意卡）	

一　歡迎

導師們在課室門口歡迎到來的家長和幼兒。請幼兒將獻金放在奉獻箱裏。在安頓他們就座和等候開始時，請領唱導師帶領早到的家長和幼兒唱一些簡單又輕快的詩歌，當作熱身。

二　開始，問安

主日學開始。主領導師強調今天很特別，因為今天有媽媽陪著上主日學。導師請幼兒跟在場的導師們打招呼，唱《問安歌》時（見附錄，頁141），也要跟在場所有的媽媽打招呼。

三　分享

導師請幼兒分享今天為甚麼那麼興奮，再由身旁的媽媽補充。

四　禱告

導師請幾個自願的幼兒站出來作禱告小天使，由導師帶領祈禱，為獻金和剛才的分享內容作個別的禱告交託外，也感謝神賜給每個幼兒有好媽媽，照顧他們愛護他們，求神保守媽媽身體健康、青春美麗、身心愉快。

五　詩歌讚美

導師先帶一首有關頌讚母愛的詩歌，然後請幼兒自願走出來，唱在幼稚園裏學會的一首關於媽媽的歌，中英文皆可，媽媽可以陪同子女一同出來唱。

導師要控制時間，如果幼兒太踴躍的話，可能要將其他活動的時間縮短，或者減少一首事前準備了跟幼兒唱的詩歌。要記住幼兒走出來唱關於媽媽的歌是這次主日詩歌讚美的主菜，導師不要讓幼兒和他們的媽媽感到失望！如果尚有時間的話，導師可帶一首感恩的詩歌作結束。

唱完詩歌後，請各位媽媽暫時離座，走到課室的另一端。導師準備進行活動 1：媽媽配對遊戲。

六　活動 1：媽媽配對遊戲

玩法：

1 導師將媽媽的單人照片逐張投射在螢幕上，請作為其子女的幼兒要保守祕密！
2 請幼兒猜螢幕上那位女士是誰的媽媽。
3 答中的幼兒即時得哈哈笑貼紙。
4 請螢幕上那位媽媽的子女向大家說一件他喜歡媽媽的事，例如喜歡媽媽煮的意大利粉，喜歡媽媽講故事等。

5 被猜中是螢幕中人的那位媽媽可以返回座位，導師請幼兒親吻媽媽一下。

七 活動2：BB配對遊戲

玩法：

1 導師將幼兒的嬰兒照片逐張投射在螢幕上，請在座所有幼兒和媽媽一起猜，照片中的嬰兒是哪個幼兒。

2 如果答中那嬰兒是幼兒A的話，導師邀請幼兒A站在螢幕旁，讓在座每位對照。

3 猜中的幼兒及他的媽媽都即時得哈哈笑貼紙。

4 請螢幕中幼兒的媽媽向大家說一件她喜歡幼兒的事，愈具體愈好，例如喜歡幼兒愛吃水果，喜歡幼兒愛看圖書，又或者愛護家中的弟妹等。然後請媽媽當眾摟著子女親吻一下。導師此時用即影即有相機為他們拍照留念。

八 分享：BB怎樣來的？

1 邀請懷孕的準媽媽分享她對肚裏嬰兒的美妙感覺，和期待嬰兒出生的興奮。可以的話，導師在安全的情況下，讓幼兒出來輕摸一下那位媽媽的肚皮。

2 如果時間許可，播放一段有關胎兒在子宮內生長情況的片段。

3 請一位初生嬰兒的媽媽，帶同她未足歲的子女來，分享照顧嬰兒的趣事。這位媽媽可以即席示範幫嬰兒換尿片或開奶呢。

九　茶點

導師宜安排在另一間課室內進行吃茶點環節。請幼兒負責招呼媽媽，為媽媽放杯放碟放紙巾，然後親子共享茶點。

十　放學

導師將康乃馨交給幼兒，請幼兒親手送給媽媽，然後離開課室。

3 尋找父親節的意義

——父親節主日學活動的構思

不論在幼稚園還是在商業活動裏，對於父親節的重視程度都難以跟偉大的母親節相比。然而在基督教信仰裏，神是我們在天上的父。

「你們因信基督耶穌都是神的兒子。」（加三 26）

既然信主的人都成為了神家的一分子，主日學也應重視父親節所帶來的意義。

聖經如何形容天上父親的性格呢？

天上的父是
　　慈愛的
　　　信實的
　　　　無微不至關懷的
　　　　　憐恤兒女的
　　　　　　有威嚴的
因此，作兒女的要對父親
　　尊敬尊重
　　　誠心順服
　　　　全然信靠
　　　　　謙卑降服

在幼兒的認知層面上作教導，建議導師講解這種父子或父女關係的重點時，著眼於幼兒與父親的開心溫馨事情上，因為父親愛他們，所以他們也要愛父親，遵從父親的教導，做個好乖乖。

課前準備

1 向家長或導師搜集一些男士及女士用品，並於當日先預備場地。

2 在美勞用品店購買一種花形的透明膠杯墊（可參http://www.student-exercise.com.hk），花瓣處可以塗玻璃彩，花芯的地方可以畫圖及寫字的。這種杯墊的實用性強又容易清潔，不論幼兒的美勞天份如何，製成品都會帶有一份童真美。導師宜在父親節主日前一個星期，在班內分發杯墊給幼兒，讓幼兒用玻璃彩為花瓣著色，吹乾後導師將杯墊收起待下星期用。

是日統籌：　　　　　　　　　　　　日期：

時間	活動及物資清單	人力資源
聚會前	**清理及佈置場地**	
10 分鐘	**分享、感恩、祈禱**	
15 分鐘	**詩歌讚美** ☐ 敲擊樂器	
15 分鐘	**互動活動：我最喜歡與爸爸一起……** ☐ 統計表活動圖卡 ☐ 心形彩紙 ☐ 雙面膠紙	

10 分鐘	**體能活動：尋找爸爸的物件** ☐ 4種不同顏色的電線膠布 **男士用品：** ☐ 皮鞋 ☐ 球襪 ☐ 電鬚刨 ☐ 領呔 ☐ 皮帶 ☐ 恤衫 ☐ 手錶等 **女士用品：** ☐ 唇膏 ☐ 髮夾 ☐ 指甲油 ☐ 絲巾 ☐ 高跟鞋等	
15 分鐘	**影碟觀看：卡通片《浪子回頭》** ☐ 《浪子回頭》VCD ☐ 投射螢幕 ☐ 影像投射機 ☐ 手提電腦	
10 分鐘	**問答遊戲／猜估圖畫** ☐ A3圖畫版（貼上數字紙） ☐ 問題紙 ☐ 小布袋	
10 分鐘	**手工：製作父親節禮物——杯墊** ☐ 已塗上玻璃彩的膠杯墊 ☐ 蠟筆 ☐ 圓形顏色紙 ☐ 寫上幼兒姓名的小貼紙 ☐ 水筆	
	放學	

一　分享、感恩、祈禱

分享過去一個星期與爸爸之間的開心和不開心事，並以祈禱感謝或交託。

二　詩歌讚美

1　唱"Do Re Mi"開聲和熱身（見附錄，頁142）。

2　唱《我愛媽媽／我愛爸爸》（見附錄，頁144），當唱到「爸爸」二字時，幼兒敲打手上的敲擊樂器兩下。

3　唱詩歌《多謝多謝耶穌》。多謝耶穌賜他們有好爸爸。

三　互動活動：我最喜歡與爸爸一起……

1　請幼兒分享一下平日最喜歡與爸爸做甚麼，重點在於分享生活經驗，帶出今日的主題。導師將幼兒所説的活動用筆寫在預先準備的統計表上。

2　導師請家長義工向每個幼兒派發兩張寫上幼兒姓名的心形彩紙，彩紙背後預先貼上雙面膠紙。

3　導師每次請兩個幼兒走到統計表前，將自己手上的心形彩紙，貼在最喜歡的活動的欄內。

4　當所有幼兒都貼上心形彩紙後，導師跟幼兒分享一下統計結果，並請幼兒一起鼓掌作結束。

四　體能活動：尋找爸爸的物件

這項活動的重點在於讓小朋友伸展筋骨，並懂得分辨甚麼物件是屬於爸爸的，考考他們對日常事物的觀察力。導師先按平面圖（見附錄，頁145）以電線膠布安排活動場地，且將女士物品（例如唇膏、髮夾）和男士物品（例如皮鞋、球襪）混合放在一起，然後平分兩份，放在終點的兩個方格內。

導師請幼兒在起點後排成兩行，請一個幼兒出來做一次示範，先在寫有

“3”字的圓圈內直立跳三下，然後依曲線行走，再依著平行直線以爬牛牛方式爬到終點前的方格內，選取一件屬於爸爸的物件，交給站在終點的導師。核實正確後，便請大家拍掌讚賞。

當所有幼兒都完成活動後，整項活動便結束，無需分輸贏。

五　影碟觀看：卡通片《浪子回頭》

播放《浪子回頭》VCD，讓幼兒知道有時他們做錯了事，爸爸心裏會難過，但當他們知錯並悔改，爸爸是會原諒他們的，因為爸爸愛他們。

六　問答遊戲／猜估圖畫

導師藉以下遊戲，讓幼兒知道所有父親都是愛錫自己子女的，就算他們犯錯，父親都會原諒他們。

導師展示一塊A3大小的圖畫板（圖片可以是用電腦做出來的，內容可因應不同導師的喜好而定，跟主題有關會較好。），板上貼有1至20號的方型便條紙（要鋪滿整塊板）。

導師請幼兒逐個出來在袋中抽出一張問題紙，並回答問題（參附錄，頁146）。答對後，依著問題的編號，將便條紙撕去，露出背後圖畫。在過程中，讓所有幼兒一起猜究竟背後的圖片是甚麼。

七　手工：製作父親節禮物——杯墊

1　導師讓幼兒選自己喜愛的顏色圓形紙，然後用水筆或蠟筆在圓形顏色紙的底面兩面畫上圖畫或圖案。

2 完成這步驟的幼兒，到導師那裏取自己姓名的小貼紙，貼於圓形紙上，或由導師代筆寫上姓名。

3 幼兒到導師處取自己的杯墊（上星期已塗上玻璃彩），請老師將圓形紙套在杯墊的花芯上，合上蓋後便完成。

4 教導幼兒學會關心爸爸，送贈杯墊時除了要親吻爸爸外，也提醒爸爸要多喝水，保持身體健康。

八　放學

尋找學年結業的意義
——結業禮的構思

每年的七月中，在我所屬教會的暑期主題式主日學活動Summer Surprise還未正式開始時，幼兒主日學便會安排一個特別主日，去總結各個幼兒在過去一個學年的成長，引證天父對他們每人的教導和關愛，給他們鼓勵。這個特別的主日，名為「結業禮」。

從我們固有的認識去理解，一個學年完結後，便會有結業禮；一個年期階段的課程完結後，便有畢業禮。無論怎樣，典禮是慶祝學生對某些技能和知識的掌握已達到某個水平。

雖然主日學有分幼稚園級、小學級、中學級、學士級，以至研究院水平，然而主日學跟一般課程是有些分別的，主日學的參考書多的是，但教科書只得一本，就是聖經。由三歲開始入讀幼稚園主日學，到八十歲上長者查經班，仍是看同一卷書同一節經文，只是不同的年紀會有不同的理解和體會。聖經裏蘊藏的智慧博大精深，並著重生命的實踐，因此我們讀到老也未必能去到所謂「畢到業」的階段。

那麼，幼兒主日學應如何準備年度的結業禮呢？我認為，除了頒發為個別幼兒而設的獎項外，重點應該是肯定每個幼兒的進步，並為他們的進步而獻上感恩。

課前預備

導師事先在課室的中央，亦即是幼兒於遊戲時會圍圈坐的中央位置，以不同顏色的電線膠布，貼一個跳飛機，並在格子裏貼上數字，讓幼兒到時能順著數字的先後去跳。

是日統籌：　　　　　　　　　　　　　日期：

時間	活動及物資清單	人力資源
聚會前	**清理及佈置場地** ☐ 電線膠布 ☐ 貼跳飛機格子	
15 分鐘	**分享感恩、奉獻祈禱** ☐ 奉獻箱	
20 分鐘	**詩歌讚美** ☐ 搖鼓　☐ 敲擊樂器	
15 分鐘	**成長分享時間**	
15 分鐘	**遊戲時間：我做得到** ☐ 毛公仔 3 個　☐ 小布袋 ☐ 輕鬆音樂CD　☐ 指示紙條	
15 分鐘	**頒獎、拍照留念** ☐ 各項鼓勵性獎項　☐ 相機 ☐ 畢業證書　☐ 班別及年份牌	
	謝師環節 ☐ 食物 ☐ 飲料 ☐ 食具	

一　分享感恩、奉獻祈禱

分享過去一個星期所發生的開心和不開心事，並以祈禱感謝或交託。

二　詩歌讚美

唱“Do Re Mi”開聲和熱身（參附錄，頁142）。

進行「詩歌金曲點住唱」，讓幼兒選唱五首他們最想唱又熟悉的詩歌。重溫舊歌，並玩敲擊樂器。

三　成長分享時間

導師可以考慮進行：

1　說一個有關成長的故事，內容要帶出「我做得到」的信息。

2　如果教會主日學有助養國內或外地兒童的話，可以藉這個機會跟幼兒匯報一下他／他們的情況，由老師唸出他／他們的來信，轉閱寄來的近照等，看看他／他們在過去一年有沒有進步。

一年又過去了，幼兒在各方面也成長了不少，而他們的成長需要我們大人的肯定。

四　遊戲時間：我做得到

這個遊戲的目的是讓每個幼兒都有機會站出來，做一些他們能力範圍內能做到的事，並獲得在座各人的肯定及讚賞。玩法：

1 導師請幼兒圍圈坐，並派三個毛公仔。

2 播放輕鬆音樂，請幼兒將手上的毛公仔轉給右手邊的幼兒。

3 音樂停時，手拿著毛公仔的幼兒站出來，由導師從小布袋中抽一張指示紙（參附錄，頁147），並公開讀出，三個幼兒要依指示做出來。

4 當三個幼兒都能做到時，導師帶領其他幼兒一起大聲唸出讚賞口號：「做得到，做得好！YES！」

五　頒獎、拍照留念

導師頒發年終鼓勵獎項，獎項名稱應該具體並切合幼兒個別的表現，勤到獎及清潔獎等獎項其實是給父母的獎項，導師應該將做得好、有進步的表現，歸功於幼兒自己的努力和改變上。

獎項名稱建議：

1 愛發問

2 積極回答問題

3 積極投入

4 溫文有禮

5 主動參與

6 專心聆聽

7 樂於助人

8 關心別人

頒獎後，導師安排幼兒以班別形式跟導師們拍照留念。

六　謝師環節

安排「謝師大食會」，由幼兒及家長一同商量和準備。幼兒負責派杯派碟等工作，在小事上服事導師，在行動上表達答謝之意。導師和幼兒於大食會一同分享美食，慶祝各個幼兒都有成長。

附錄

主題教案·第二課　方舟動物狂想曲

圓形圖

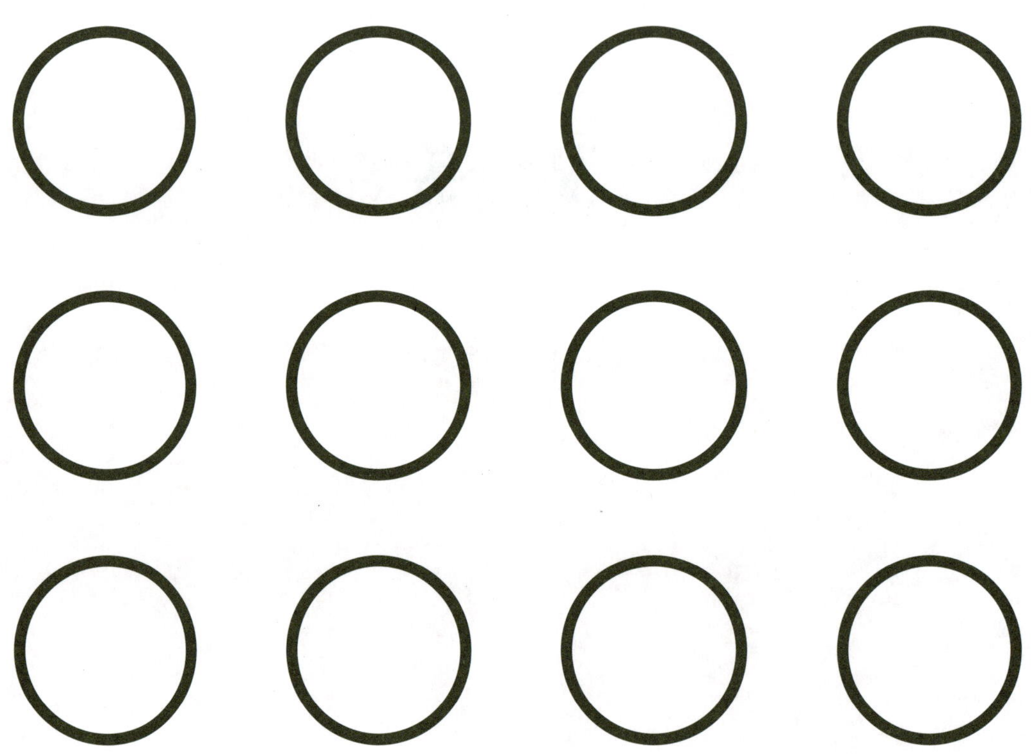

電話鍵盤圖

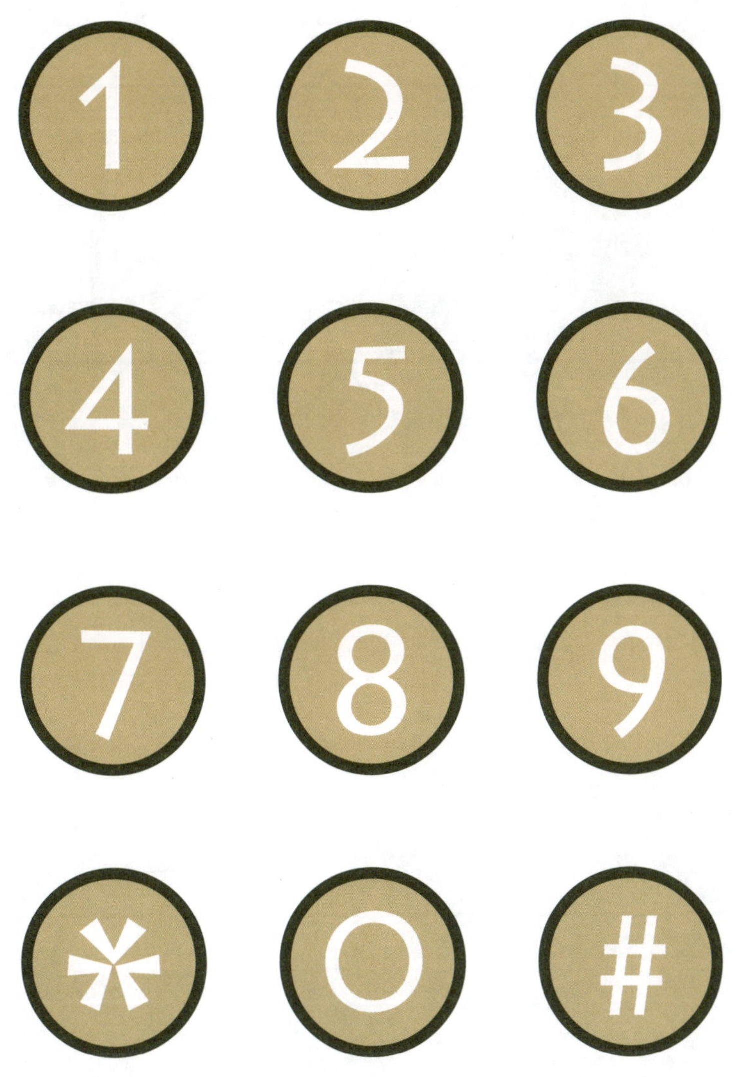

主題教案．第三課　亞伯拉罕待客有禮

帳棚圖

主題教案·第四課　約瑟的彩衣

紅綠卡內容

紅卡（報復卡）	紅卡（報復卡）
與同學於課堂交談，退一步	欠交功課，退兩步
紅卡（報復卡）	紅卡（報復卡）
不依照老師指示排隊， 罰停擲骰一次	食飯前不洗手，退一步
紅卡（報復卡）	紅卡（報復卡）
忘記帶課本，退兩步	上學遲到，退兩步

紅卡（報復卡）	紅卡（報復卡）
不依照老師指引，擅自離開座位，退三步	和同學打架，退五步
紅卡（報復卡） 於飯前祈禱時，發出怪叫聲，退二步	紅卡（報復卡） 裝病，不上課，退三步
紅卡（報復卡） 向父母師長撒謊，退三步	紅卡（報復卡） 向父母隨意發脾氣，退三步
紅卡（報復卡） 沉迷看電視，不做功課，退兩步	紅卡（報復卡） 只吃零食，不願吃飯，退兩步

紅卡（報復卡）	綠卡（寬恕卡）
和弟弟打架，退五步	專心上課，進三步
綠卡（寬恕卡）	**綠卡（寬恕卡）**
準時交齊作業，進四步	依照老師指示快速列隊，獎擲骰一次
綠卡（寬恕卡）	**綠卡（寬恕卡）**
協助老師清潔課室，進三步	準時回到學校上課，進三步
綠卡（寬恕卡）	**綠卡（寬恕卡）**
專心參與飯前祈禱，進三步	愛護同學，不發脾氣及打架，進五步

綠卡（寬恕卡）	綠卡（寬恕卡）
和小朋友分享食物及玩具，進五步	尊敬父母，聽從教導，進六步
綠卡（寬恕卡）	**綠卡（寬恕卡）**
協助父母做家務，進四步	做錯事，但誠實告訴父母尋求原諒，進四步
綠卡（寬恕卡）	**綠卡（寬恕卡）**
天天向天父禱告，進六步	每週參與主日學，進五步
綠卡（寬恕卡）	**綠卡（寬恕卡）**
受到哥哥欺負，但仍原諒他，多擲骰兩次	每天背一節聖經金句，進六步

每週品格表

學生姓名：

評分週：

每週品格表

	跟別人和睦相處	寬恕別人	藉禱告信靠天父
星期一			
星期二			
星期三			
星期四			
星期五			
星期六			
每週總分			

每項評分：由0至5分。0為未能做到；5為全時間做到。

Oh Poor Jonah!（可憐的約拿！）

選調：C大調

調寄：London Bridge is Falling Down

拍子：4/4

| 5 6 5 4 | 3 4 5 – | 2 3 4 – |
Oh Poor Jonah　swallows by,　swallows by,

| 3 4 5 – | 5 6 5 4 | 3 4 5 – |
swallows by,　Oh Poor Jonah　swallows by,

| 2 – 5 – | 3 1 – – ||
a　BIG　BIG fish!

主題教案·第七課　大魚的傳說——約拿

大魚圖

工作紙

問安歌

選調：C大調
拍子：4/4

調寄：Mary Had a Little Lamb

| 3 2 1 2 | 3 3 3 – | 2 2 2 – | 3 5 5 – |
我 們 來 上　主 日 學，　主 日 學，　主 日 學，

| 3 2 1 2 | 3 3 3 – | 2 2 3 2 | 1 – – – ||
我 們 來 上　主 日 學，　老 師 你 好　嗎 ？

當唱到「老師你好嗎？」，可請幼兒向各位當值老師揮手。此句亦可作出下列變化：

（第二次尾句唱）Auntie你好嗎？
（Auntie是指家長義工媽媽，請幼兒向Auntie揮手）

（第三次尾句唱）Uncle你好嗎？
（Uncle是指家長義工爸爸，請幼兒向Uncle揮手）

（第四次尾句唱）Hello你好嗎？
（向坐在前後左右的小朋友揮手）

Do, Re, Me

| 1 1 1 1 | 2 2 2 2 | 3 3 3 3 | 4 4 4 4 |
do do do do　re re re re　me me me me　fa fa fa fa
（圖do）　（圖re）　（圖me）　（圖fa）
| 5 5 5 5 | 6 6 6 6 | 7 7 7 7 | 1 1 1 1 ||
so so so so　la la la la　ti ti ti ti　do do do do
（圖so）　（圖la）　（圖ti）　（圖do'）

開聲活動動作解釋：

身體蹲下來縮作一團，雙手是小跳豆，唱Do Do Do Do時，小跳豆在腳掌上跳四下，每唱一個Do跳一下。

do

身體微微向上升，好像種子在發芽生長，唱Re Re Re Re時，小跳豆在膝上跳四下，每唱一個Re跳一下。

re

身體再微微上升，小跳豆在屁股上跳四下。

me

身體已站直，小跳豆在肩膊上跳四下。

fa

小跳豆變成散開來，在面頰上好像小貓掃鬚般掃面，每唱一個So掃一下。

so

小跳豆放在耳背後，每唱一個La，便將耳朵fing－fing。

la

小跳豆抓著頭上兩束頭髮，每唱一個Ti，便將頭髮向上提一提。

ti

將雙手伸直，好像種子已變成了花，每唱一個Do'，整個身體便向上跳一下。

do'

玩完小跳豆向上跳後，可以繼續玩小跳豆要跳下休息了，請幼兒由Do'唱回Do。當小跳豆回到腳掌上，幼兒身體縮作一團時，導師可以請幼兒躺在地上扮睡覺。「天光啦！」請幼兒起身。

我愛媽媽／我愛爸爸

曲、詞：陸趙鈞鴻博士@1980

1. 我愛我的媽媽，媽媽真偉大，媽媽教我努力做個好乖乖。媽媽，媽媽，我要做個好乖乖。

2. 我愛我的爸爸，爸爸真偉大，爸爸教我努力做個好乖乖。爸爸，爸爸，我要做個好乖乖。

特殊活動範例・3　尋找父親節的意義——父親節主日學活動的構思

「尋找爸爸的物件」遊戲地線平面圖

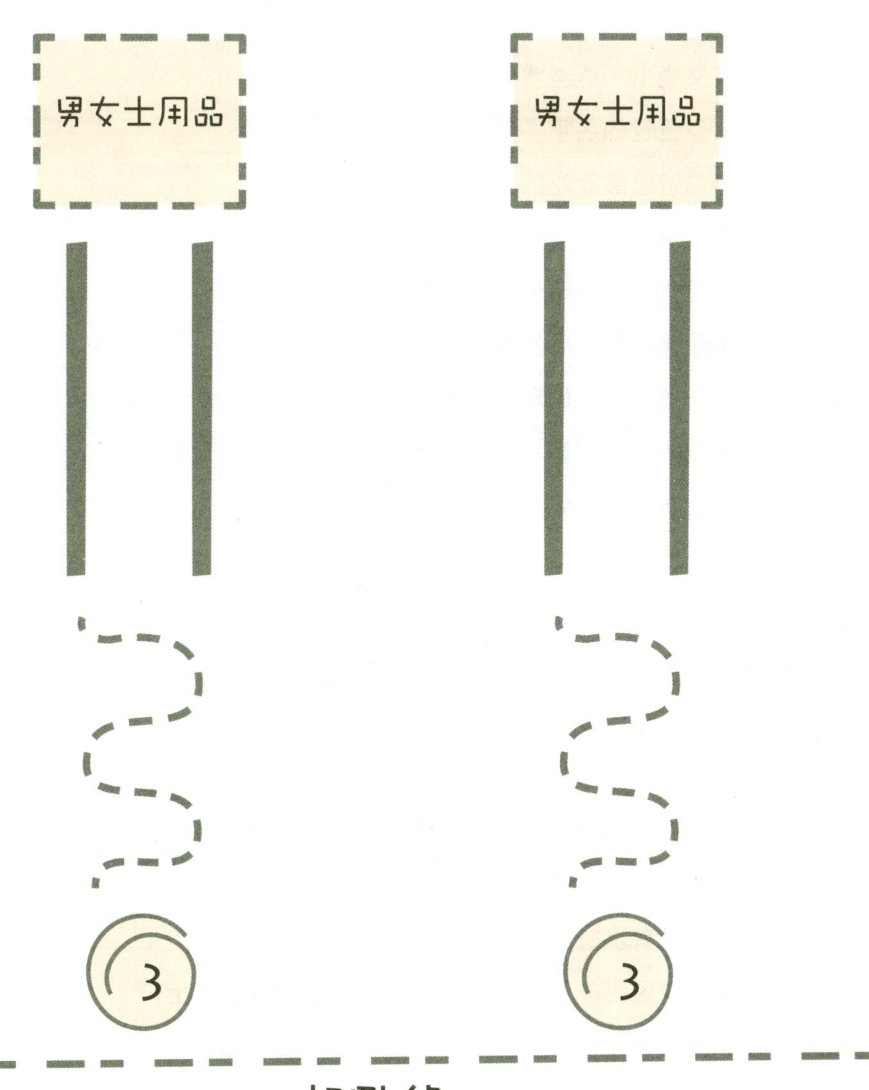

問答遊戲／猜估圖畫問題

1	請用英文説出「爸爸我愛你」。
2	請説出你爸爸的名字。
3	請説出你爸爸最愛吃的食物。
4	請説出你爸爸最愛看的電視節目。
5	請説出你爸爸飲茶時最愛吃的點心。
6	請説出你爸爸最常做的運動。
7	請説出你爸爸最喜歡和你做甚麼。
8	請説出你爸爸最喜歡和你講哪個故事。
9	你做錯事時，爸爸會原諒你嗎？
10	影片中那位爸爸共有多少個兒子？
11	要求分家財的是哥哥還是弟弟？
12	浪子拿了家產之後，他留在家裏住嗎？
13	浪子離開了家之後，生活如何，他整天做甚麼？
14	浪子身處的地方後來發生甚麼事？
15	浪子沒有錢後，到田裏去做甚麼工作？
16	浪子知錯後，他有沒有回家去？
17	浪子的父親有沒有原諒他呢？
18	浪子向父親認錯後，父親叫僕人拿甚麼給他穿上戴上？
19	浪子的父親很高興浪子回家，但哥哥喜歡浪子回家嗎？
20	你知道為甚麼父親會原諒浪子嗎？

「我做得到」遊戲紙條內容

1. 請幼兒由1數到20。

2. 唱一次兒歌“ABC”。

3. 請幼兒以單腳跳去跳飛機。

4. 請幼兒以雙腳跳去跳飛機。

5. 背一句金句，任何一句也可以。

6. 唱一首詩歌，任何一首也可以。

7. 說出一個主日學同學的名字，並講出他／她一項優點。

8. 說出兩個主日學導師的名字。

9. 扮一種小動物讓在座幼兒去猜估。

10. 說出一個聖經人物的名字，如果能夠略說有關這人物的故事就更佳。

幼兒主日學

畢業証書

姓名：

年度：

46
雅各率眾子移居到埃及，見約瑟
47
48
49
50
約瑟於埃及為相終老
41
42
約瑟和兄弟相認，原諒兄弟們
43
44
45
36
全地饑荒，雅各眾子到埃及購糧被囚
37
38
39
40
31
32
33
約瑟為法老解夢，被立為宰相
34
35
26
27
約瑟被主母陷害下獄
28
29
30
約瑟於獄中為酒政和膳長解夢

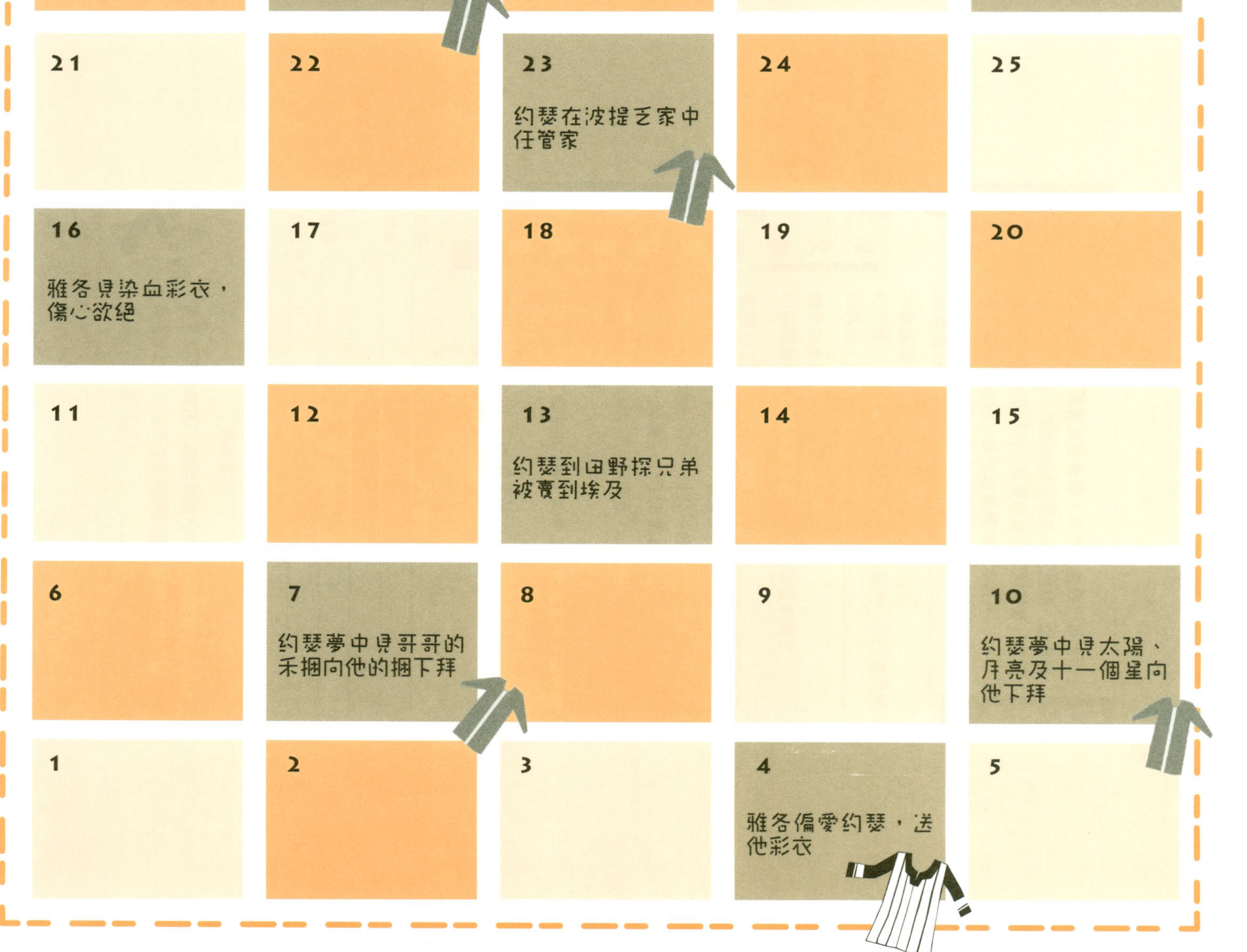
21
22
23
約瑟在波提乏家中任管家
24
25
16
雅各見染血彩衣，傷心欲絕
17
18
19
20
11
12
13
約瑟到田野探兄弟被賣到埃及
14
15
6
7
約瑟夢中見哥哥的禾捆向他的捆下拜
8
9
10
約瑟夢中見太陽、月亮及十一個星向他下拜
1
2
3
4
雅各偏愛約瑟，送他彩衣
5